U1076086

悦　读　阅　美　·　生　活　更　美

女性生活时尚阅读品牌

□ **宁静** □ **丰富** □ **独立** □ **光彩照人** □ **慢养育**

点亮巴黎的女人们

[澳]露辛达·霍德夫斯 著
祁怡玮 译

她们对自我的忠诚，

对权利的追求和对欢愉的信仰，

就是这城市永恒的过去、现在与未来。

漓江出版社

这些女性独特的人生故事并非单独存在的特例，而是跨越时空、相互联结，仿佛一条条织就了整个巴黎故事的丝线。

——露辛达·霍德夫斯

目 录

真正的欢愉之于我，

仅存在于爱、巴黎与权力当中。

一八〇三年，斯塔尔夫人[1]

[1] 斯塔尔夫人（Germaine de Staël，1766—1817）：原籍瑞士，出生于巴黎的作家、政治家，文学社会学的创始者，对法国文学有着举足轻重的影响。

抵达

晨曦轻触露西·乔丹的双眼
在郊区的一间白色卧房　在郊区的一座白色小镇
她在被窝里躺着　梦着成千上万的情人们
直到世界变为一片澄橘　房间开始天旋地转
三十七岁的她恍然察觉　她从不曾
任由暖风吹拂发丝　驾着跑车穿越巴黎

——玛丽安娜·菲斯福尔[1]《露西·乔丹抒情小曲》

[1] 玛丽安娜·菲斯福尔（Marianne Faithfull）：英国知名歌手，《露西·乔丹抒情小曲》（The Ballad of Lucy Jordon）这首歌描述的是一位已届中年的女人，回忆过往的故事。

一九四四年一个春日的早晨，南西·米特福德[1]躺在床上自哀自怜。年届四十的她厌恶自己的人生——婚姻失败，写过三部无足轻重的小说，惨淡的销售成绩使她不得不在伦敦一家书店担任薪水低廉的助理。她想辞去工作，再写一部小说，但经济上负担不起。战时的食物配给导致她瘦得健康亮起红灯，现在，她正因严重的喉头发炎而卧病在床。

那天，在伦敦，烦闷无聊、缠绵病榻、沮丧泄气的南西·米特福德，写了封信给她的母亲。“我需要放个假，”她写道，“我的薪水这么低。”然后，出其不意地，她宣告：“我像疯了似的想到巴黎谋职。”她强调，这样的计划还是非常不明确的——你看得出来，这只是身为一个女儿的手段，目的是平息母亲日益加剧的忧虑。

真正泄了她的底的，是那短短的一句喟叹。就在那里，那一页的下一句，独立出来的一个句子，有如歌词般的单单一行字：**“噢，为了住在巴黎，我愿付出一切！”**如此这般，南西·米特福德吐露了将改变她人生的豪情壮志。

半个世纪后的今天，一个春日早晨的破晓时分，我，蹒跚、筋疲力尽、面无血色地，走过戴高乐机场的透明通道。在飞了二十四个小时后，我步下飞机，皮肤干皱如纸，头发硬如铁丝，

[1] 南西·米特福德（Nancy Mitford，1904—1973）：二十世纪初英国小说家与传记作家，作品呈现出上流社会的生活风貌，风格幽默、风趣。著名作品有《天涯追爱》（The Pursuit of Love）、《爱在寒冬》（Love in a Cold Winter）、《恩赐》（The Blessing）、《恋爱中的伏尔泰》（Voltaire in Love）等。

一身旅行装束松垮垮、皱巴巴。

我的出租车司机是个三十出头的阿尔及利亚人，浑身散发着犹如皇室般的尊贵气质。我们聊了一下。我试着提起劲儿，张开我那懒洋洋的澳大利亚嘴巴，表演法文元音和双元音的发音杂技。“澳大利亚？”他说道，“那很远呢！”还有：“你喜欢巴黎吧？当然了，人人都爱巴黎。”然后：“我，不爱，我不住这里，太贵啦。”

突然间，他羞涩而温柔地说：“我老婆刚生了我们的第一胎，是个女孩。”他举起一张小小的拍立得照片，我倾身向前赞赏那有着一撮撮黑发的棕色宝宝。

“真漂亮。”我说，“她叫什么名字？”

“桑鲁卓。”

我欣喜地坐回位子：“那个说故事的女孩？《天方夜谭》里的那个？她的名字怎么念？再念一次。”

仿佛口中淌着蜜，他用慢得叫人融化的速度再说了一次：“桑——鲁——卓——”

真好听啊！那么的柔美，富有异国风情。我跟着他复诵一遍。从后视镜里，我看到他得意地对我微笑着。

“说不定她长大后会告诉人们关于她人生的精彩故事。”

“没错。”他说，“我老婆也这么认为。”

车子越来越接近市中心，我们断断续续地交谈着。我摇下露湿的车窗，绵延的塞纳-马恩省河、乳白色的建筑物、纪念碑的圆顶与尖塔，巴黎风光在我眼前愉悦地展开。是我的想象吗，还是我真的闻到了那既苦涩又甜蜜的咖啡和油滋滋的牛角面包的香味？

我们在古老的玛黑区（Marais）停下车来。我的目的地，其实是一间小店铺改建而成的小房子。我的朋友瑞秋远在布鲁塞尔开会，不过她已经将备用钥匙给了我。我笨拙地摸索着打开锁，进到屋子里。

眼前景物有着令人舒适的熟悉感：瑞秋的红色玻璃郁金香、美国小说、黑白照片……我在堪培拉时就看过这些东西，数年前造访她在艾尔伯特师傅街（rue Maître Albert）的公寓时，又与它们再度打过照面。早在我们初遇时——当时，我俩还是外交经贸部的助理员——瑞秋就展现了鉴赏力。

那个是新的，我看到了，好漂亮的白色躺椅。

和我一样，瑞秋没有待在外交经贸部。一九九六年之后，我们俩相继离开了那里。我转到悉尼一家管理顾问公司工作；她则到了巴黎，为经济合作与发展组织服务。现在，她负责指导跨国企业的经贸议题。

餐桌上有张白色厚纸板，瑞秋用她那黑黑圆圆的笔迹留言：“亲爱的小露，如果你读到这张字条，那就表示你已经到了！”她针对电灯、暖气、电视、最近的地铁站和当地的市场，为我提供了贴心的指引。

一道弯弯的窄梯向上通往卧房，床上铺了散发着柠檬香的白床单，摆了蓬松的大枕头。衣橱里的空间可以放衣服和书，床头桌上甚至有花，还有一本古雅的玛黑区简史。

房间里越来越暖了。我冲了澡，皮肤上那股机舱的污浊气息随着蒸气消散了。而后，我躺在洁白的床铺上。无声的巴黎街灯透过窗户闪动着，街道上越来越多人、车各自奔向目的地，周围逐渐喧嚣起来。

初进管理顾问公司时，股市形势大好，公司生意兴隆，合伙人的感受都相当正面。他们乐于探讨素质，迫不及待想有杰出表现。而我受聘协助管理顾问与客户进行更有效的沟通，我们携手组成一个沟通高手团队，发展一帆风顺。

对此，我心存感激。这个任务将我带回家乡悉尼，也让我的人生重新出发。我赚了好一笔钱，分别到日本与中国授课，所以隔三差五有旅行的机会。但不幸的是，我在内心深处知道这份工作根本什么也不是。协助那些顾问在客户面前天花乱坠地鬼扯时，我自己连一个字都不相信。我之所以还留在那儿，只是想不出有什么更好的事情可以做。

几年后，工作气氛剧变。大手笔砸钱的风潮退烧了，不必要的开销遭砍，而我，正是个不必要的开销。人事经理酸溜溜地一语道破，我并非利润中心，而是开销中心。

大约一年前的某天，老板叫我到他的办公室。

“我想请你考虑一下职务上的调动，”他说，“转任到顾问团。”

我差点大笑出来：“我？当顾问？我不会算术呢！”

他威严地挥手驳回我的自谦之词。“那无所谓，”他说，“你头脑好。你来当主管，当军师，那些初级顾问人员会把数字搞定。”

“你知道，”他继续劝诱，“你将步上合伙人之路，赚一大笔钱，我是说，一大笔。”他没再说下去。我看得出来，他自认这套说辞相当有说服力。他不明白，对我而言，我已经在赚大钱了。

“这样吧，”我说，“让我想一想。”

但考虑这件事只让我觉得很累而已。这意味着我的人生又有一个阶段即将告终，我得准备迎接更多的转变，以及更多全新的开始。对一个三十五岁的人来说，这可不是件值得开心的事，而是疲惫、泄气的源头。等着我的，多多少少又将是一样的追寻过程，但愿我知道这场追寻究竟所为何来。

那段没有结论的对话倒是给了我很大的启发。虽然我真的很喜欢“一大笔钱”，但单单有钱是不够的。看起来，我好像太过贪心，但我想要的不只是钱。

渐渐地，我的内心开始骚动。我领悟到，这一次，找一份新工作，或者再搬到另一个城镇，或者把我的野心放大一点，还是收敛一些，甚或原地踏步，对我而言都不再足够。我似乎终生都在追寻某种更好的，或者更宏大的未知。

多数人在思考人生的变动之际，会求助于现代人所认可的资源，比方说朋友、家人、老师、同事、心理咨询师、生涯规划师、自救手册等。而我身陷在这个工作与个人生涯的困局里，反应别无二致。

不过，这方法似乎无效。我发现自己在同样老套的讨论内容中瞎打转。通过对人生抉择的讨论，我能得到的不过就是关于男人、婚姻和儿女，关于我在悉尼这座城市里的资产，关于工作与生活的平衡等等建议。我不禁怀疑，这看似永无止境的讨论本身就是问题的一部分。我觉得自己有点像是《楚门的世界》里的主角，臆测着也许在外界的某个地方，真正的人生是在截然不同的前提下开展的。

现在回想起来，一切似乎无可避免——这正是我阅读的开始，或许该说是重拾阅读的开始。我把一些“老朋友”捡了回来，比方说柯莱特[1]、南西·米特福德和伊迪丝·华顿[2]。我重读了她们的小说和回忆录，以及有关她们的传记和文章。躲进书中世界总能让我得到安慰，特别是这些作家又总是有些关于身为女人、关于活出美丽人生的话想对我说。我几乎未曾稍歇，接着读起她们的生平故事，发现就在这巴黎的心脏地带，彼此相距仅仅

[1] 柯莱特（Sidonie-Gabrielle Colette，1873—1954）：二十世纪初法国小说家。
[2] 伊迪丝·华顿（Edith Wharton，1862—1937）：美国小说家，曾自办沙龙与海明威、菲茨杰拉德等人进行思想交流，1921 年以《纯真年代》（The Age of Innocence）获普利策文学奖。

数里之遥，她们三人各自开启了自己的文学创作之路。为什么之前我从未想到过这一点？

了解了这些以巴黎为据点的女作家的人生，又让我贴近了她们所仰慕的巴黎女子。包括在南西·米特福德所撰写的传记中永存不朽的蓬巴杜夫人[1]、令伊迪丝·华顿深深着迷的乔治·桑[2]，还有柯莱特的灵感源泉——那些恶名昭彰的十九世纪交际花。透过这些作家，成群的巴黎佳人犹如游行队伍般朝我迎面而来。这些巴黎女子令我深深着迷赞叹，她们的过往竟较我的现在更让我兴味盎然。

在飞往墨尔本的早班飞机上，公务出差的旅客都会煞有介事地详读《财经丛刊》，我则埋首于《放荡奇女子：妮侬传》。当我告诉朋友，我还没读过马丁·艾米斯[3]的得奖之作，但诚心推荐《荷坦丝女爵：枢机主教马萨林的败德外甥女》（The Duchess Hortense: Cardinal Mazarin's Wanton Niece）时，他们一副吃惊的模样。有一回，某个资深同事撞见我在咖啡店里读着《热情的逃亡：雷卡米埃夫人与斯塔尔夫人的传奇》[4]，他难掩内心的担忧。

[1] 蓬巴杜夫人（Madame de Pompadour）：十八世纪贵族女性，曾为法国国王路易十五的情妇。

[2] 乔治·桑（George Sand，1804—1876）：十九世纪法国小说家，著有《魔沼》（La Mare au Diable）等书。

[3] 马丁·艾米斯（Martin Amis）：英国当代小说家，著有《时间之箭》（Time's Arrow），写作风格独创、多变，曾数度入围布克奖。

[4]《热情的逃亡：雷卡米埃夫人与斯塔尔夫人的传奇》（The Passionate Exiles: A dual biography of Mme Recamier and Mme De Stael）：作家 Maurice Levaillant 的作品。雷卡米埃夫人于 1777 年出生于法国里昂，卒于 1849 年，她曾在巴黎举办沙龙，因为拒绝拿破仑皇帝的爱，而被以“危险思想犯”的罪名逐出巴黎。《热情的逃亡》描写了这两位十八世纪巴黎知名女性的传奇。

在这段奇特的时期里，我阅读、体会、思考着她们的过去与我的未来。这些狂野、高尚、勇敢、败德、坚强、愚蠢的巴黎女子们对我而言皆具有重大的意义，她们代表着个人可以达到的人生巅峰，生命可以达到的精彩程度，以及辉煌、无止境的女性潜能。

我同时发现，这些女性独特的人生故事并非单独存在的特例，而是**跨越时空、相互联结，仿佛一条条织就了整个巴黎故事的丝线**。

最后，我既疲惫却又愉快地躺在瑞秋住处的备用床上。当然，我辞职了。我的日程表一片空白，但是心里满满的。我翻身侧卧，睡不着觉，沸腾的肾上腺素在血管里乱蹿。就像《天方夜谭》里那个不眠的国王，我渴望着故事的发生。

女中豪杰

噢，深不可测、无穷无尽的巴黎啊……

——柯莱特

人们会以春日巴黎为题材写歌，这不是没有原因的。不单单因为栗子花开、新生嫩叶光泽动人，或者露天咖啡座又热闹了起来；也是因为春日的巴黎在这个城市最根本的两种特质上取得了最理想的平衡——既雍容娴雅又纵情享乐。在春天，你可以身穿度假风格的时尚衣着，外罩一件剪裁合身的外套，内搭短袖T恤（以备天气放晴之需），手提包里备一件毛衣（以防天气变冷可御寒），轻巧潇洒地在微蓝晨曦中漫步于布列塔尼街上（Rue de Bretagne）。春日的巴黎一如喜怒无常的女人般阴晴不定。

布列塔尼街位于玛黑区里不那么走在流行尖端的地带，也是我接下来三周日常采买的一条街。我熟悉了我偏爱的本地面包店（三家的其中一家，根据瑞秋的字条，这一家有最好的牛角面包）、奶酪专卖店、尼可拉斯酒品小铺[1]和蔬果摊贩。我饱览鲜艳灵动的色彩，呼吸各种浓郁的气息，然而，大可不必急着去品尝或尝试什么。这长存的巴黎风光在此自古不变，它不介意再多等我一会儿。

我朝向河畔走去，每走一步，玛黑区就变得益发迷人，也更壮丽。这里既有微小的细节，也有大气的规模，总能在不经意间一次次打动你。我得一次又一次地穿越马路，好看看某间小店橱窗里某个绣工细致的手提包、设计巧妙的灯罩、精美的衣裳；或者，我得站远一点，让视野更辽阔，只为了一览一座雄伟的十七

[1] 尼可拉斯酒品小铺：在法国各地皆有连锁的酒品专卖店。

世纪宅邸。我试着回想读过的每一栋建筑物的资料，试图将我想象的和历史知识中的巴黎，拿到真实世界里印证一下。我经过一家瑞秋最爱的店铺，摆放整齐的一架架古旧明信片，黑白影像无声诉说着属于过往的巴黎历史。

我吸着微凉的空气，觉得心胸开阔、神清气爽。长久以来，我的人生总是马不停蹄、横冲直撞地一路向前，焦虑地望着一片虚无。我猜，在这方面，我是时代的产物。现代社会全然地否定过去，它鼓励我们扬弃一切老旧的、用过的、私人的或不再能以金钱计算价值的事物。取而代之的，是我们被制约在恼人的不满中过活，贬低自己所拥有的东西和经历，以求在市场中找出更新、更好的物质。这求新、求年轻的风气所向披靡，就连我们老化的身躯都遭到残酷的否定。我们好高骛远地望向大好未来，一再地奋力追寻，却不曾真正得到过。

但现在，我感觉自己正从这股焦虑的现代潮流中脱离，开始学习历史所能带给我们的慰藉以及启发。过去几个月所读的书，延伸并且厘清了我的观点。是历史将我们的生命带回过去，促使我们以不同的方式看待未来。在历史的洪流中，个人生命显得渺小，却也莫名地更加耀眼。历史让我们变得谦卑，同时又使我们显得高尚。

在这个巴黎的早晨，在这些不变的店家、恒久长存的街道、古老的建筑当中，我还能再从另外一个角度感谢这些巴黎女子。对她们当中的许多人而言，生命中的万事万物并不会随着时日而彰显道理，同样，对于我也如此。人生是个不可思议、难以捉摸的把戏，但她们勇往直前，时间也证明了她们的勇气。

现在是春天，季节之美正在巴黎井然有序地展现。我放松下来。

真是历史建筑的女中豪杰。我迂回地穿过巴黎圣母院（Notre-Dame Cathedral）外围人群，驻足仰望那巨大的石雕正面。近年来，圣母院被彻底打理过，这整容的工程也对她施展了魔法，就连滴水兽看起来都比较快乐了。我没有进到教堂里，圣母院对我而言太阴沉、太“钟楼怪人”[1]了一些〔我比较喜欢圣礼拜堂（Sainte-Chapelle）的精致细腻〕，不过我绕到它庞大的身躯后面，再走过一座桥后，来到一间非常传统的咖啡馆，坐在靠窗的位子可以看到圣母院的背面。从这个角度，看得到在半空中支撑这位年迈女士的拱壁——那让她保持在高处不被碰触的骨架、马甲和硬邦邦的蓬蓬裙。

我口中的这位女中豪杰，坐落在巴黎的地理心脏地带，处于一个有如磁铁般吸引世界各地伟大女性的城市中心。单单过去这一个世纪，喊得出名字的到访者就包括了卡拉斯[2]、南

[1] 法国大文豪雨果的《钟楼怪人》（又译《巴黎圣母院》），以圣母院为背景，更使圣母院闻名于世。

[2] 卡拉斯（Maria Callas，1923—1977）：希腊人，二十世纪伟大的女高音歌唱家，有歌剧女皇的美称。

西·米特福德、伊迪丝·华顿、珍·柏金[1]、奥莉维亚·德·哈维兰[2]、夏洛特·兰普林[3]、佩图拉·克拉克[4]、阿娜伊斯·宁[5]、李·米勒[6]、邓肯[7]、玛塔·哈里[8]、玛琳·黛德丽[9]、格特鲁德·斯坦[10]、约瑟芬·贝克[11]、珍妮特·弗兰纳[12]、杜娜·邦恩斯[13]……每一位都在人生中的某一时期移居巴黎，其中有许多更将此地作为终生归处。

她们为什么来到巴黎？爱情，当然，总占有一席之地。她遇见一个法国男人，坠入爱河而搬到巴黎。（当然，也有很多时候，她来到巴黎寻求和一名女子的爱情。）南西·米特福德在与法国男士高斯登·普洛斯基谱出恋曲之后，她对巴黎由喜爱转变为热爱。但我认为，这转变不单只因为爱情，总还有什么其他原因。如果愿意，巴黎为女性提供了一个空间，让她们得以从错综纠结的情爱、家庭关系中解脱。这里是她们可以自在地做自己，甚至可以

[1] 珍·柏金（Jane Birkin，1946— ）：原籍英国，后至法国发展的影视歌星。
[2] 奥莉维亚·德·哈维兰（Olivia de Havilland，1916— ）：英籍影星，曾两度获得奥斯卡奖。
[3] 夏洛特·兰普林（Charlotte Rampling，1946— ）：英籍影星。
[4] 佩图拉·克拉克（Petula Clarke，1932— ）：第一位在法国市场成功获得广大回响的英籍歌手。
[5] 阿娜伊斯·宁（Anaïs Nin，1903—1977）：古巴裔法籍色情文学作家，以出版她历时六十年的日记驰名。
[6] 李·米勒（Lee Miller，1907—1977）：美籍摄影师，曾为名模，二战期间曾任战地记者。
[7] 邓肯（Isadora Duncan，1878—1927）：享誉国际的美籍舞蹈家。
[8] 玛塔·哈里（Mata Hari，1876—1917）：第一次世界大战期间活跃于巴黎社交圈的德国女间谍。
[9] 玛琳·黛德丽（Marlene Dietrich，1901—1992）：在二次大战期间公开对抗纳粹的德国巨星。
[10] 格特鲁德·斯坦（Gertrude Stein，1874—1946）：美籍作家，大半人生在法国度过。
[11] 约瑟芬·贝克（Josephine Baker，1906—1975）：生于美国，舞蹈家、歌手，后入法国籍。
[12] 珍妮特·弗兰纳（Janet Flanner，1892—1978）：美籍作家，为《纽约客》杂志派驻巴黎的记者。
[13] 杜娜·邦恩斯（Djuna Barnes，1892—1982）：美籍作家，在二十世纪英文现代主义写作中占有重要地位。

自由地重新创造自己的地方。

格特鲁德·斯坦如此诠释巴黎的神奇魔力：

> 于是我是个美国人，
> 而我一半的人生都在巴黎度过，
> 不是造就了我的那一半，
> 而是我所造就的那一半。

一个造就人生的机会，不论你选择了什么来造就，这正是巴黎允诺给格特鲁德·斯坦以及其他女性的。这是一个让女人得以定义自己，并且以她自己的定义让社会所接纳的城市。你可以超越自身既有的一切，包括你的过往、你的血缘、童年经历，甚至自身文化的重担，这多么令人向往啊。

但我花了好些年，才懂得巴黎这独特、婀娜的风韵。

初次造访这座城市时，我只是个第一次被外派的低阶外交官，正在前往贝尔格莱德（Belgrade）的途中。当时是冬天，即使我沿着林荫大道快步疾走，还是觉得寒意从脚底蹿上来。巴黎一点儿也不是传说中那个柔情浪漫之都，甚至比我所感受到的更加寒冷。在热切的观光客眼里，巴黎那些没有喜怒哀乐的围墙显得过于冷淡。它们不像纽约的高楼大厦经过精心打造，欢迎你抬起头来欣赏赞叹，也没有矮到令你想偷偷地往内窥探。我跋涉了枯燥乏味的几里路，沿路经过这些糟糕透顶的巴黎围墙；它们的设计似乎只有一个目的，就是把不受欢迎的人（我）挡在墙外。

我和同事住在第十五区的澳大利亚大使馆宿舍，那是一栋现代风格建筑，设计得就像一座军事碉堡，有着狭长如缝的窗户。这些位置很低的窗户磨灭了公寓里所有光线的踪迹，一名住户还曾挖苦道，如果我们想瞄准右岸的敌方建筑的话，这些窗户的确是无懈可击的机枪巢。

当然，我拜访了著名的观光景点。这些景点尽管壮观，却不吸引我。埃菲尔铁塔下的除夕夜犹如金属般冰冷，吵闹的小伙子们砰砰地放着烟火，喧闹嘈杂令异乡客更添寂寞。卢浮宫看起来未免太大、太令人生畏了，我根本无法消化。在日本观光客的闪光灯下，就连蒙娜丽莎的微笑也仿佛笑得局促不安。

不过，还是有可堪作为补偿的乐趣存在。左岸有一家小酒吧，菜单写在黑板上，桌布是白色的，星期天的午餐时间顾客熙来攘往。丽弗里街（rue de Rivoli）上的安吉莉娜点心铺（Angelina’s），有着褪色的壁画和一群气质高雅、身材娇小的老太太。这一家的热巧克力如此浓稠绵密，蒙布朗[1]满是栗子的甜味，几乎让冬天变得值得度过。有一次，我去拜访澳大利亚友人，他们住在附带家具的公寓里，嘎嘎响的电梯那份破败的美感、老旧的提花布椅，还有斑驳的镀金画框里十九世纪的大鼻子先人们不以为然地瞪向我的目光，一切都让我印象深刻。这陈旧的奢华

[1] 蒙布朗（Mont-Blanc）：使用栗子泥制作的法国糕点。

不只有趣，也很迷人。纵使如此，当时的我也不认为自己和巴黎有所牵连。说不上来怎么地，我就是没开窍。

从某方面来说，这还蛮微妙的，因为在中学和大学时，我都修了法文，理应觉得更适得其所一些，没想到我仍然难以欣赏巴黎。

我还记得中学时在一间满是阳光的教室里，裘德修女——一个小个子天主教修女，穿着过时的修女服，罩着长长的黑头巾，脚踩小小的黑色绑带皮鞋，躲在她那一身长袍里往外望。她每隔一阵子就教教我们这群女学生法文，不过她更常忘我地投入自己对法国文化的热情里，至少是法国文化的某一方面中。“孩子们，想想看，”她光滑的脸庞仿佛亮了起来，喃喃地说，“想想法国人以及他们对上帝的爱。”底下没有一个学生不在内心哀号。

“不论你们去法国的哪个地方，就算是穷乡僻壤，都能看到一座美丽的教堂。因为不论那些农夫多贫困，他们还是满心欢喜地捐钱给神父。他们想在村子里为上帝盖一间最好的房子……”从此之后，法国农夫被所有裘德修女的学生们视为天下第一大傻瓜。

几年后，我成为悉尼大学法文系的新生。当时，符号学和解构主义正大行其道，我们没有研读法国历史，而在解构叙事体；我们没去品味法国文学，却在分析文本。那是罗兰·巴特的时代，不是波特莱尔的天下；那是拉康的世界，不是拉罗什富科[1]的舞

[1] 拉罗什富科（La Rochefoucauld）：十七世纪法国作家，名句“真爱犹如鬼魅：众口相传，然尝目击者，鲜矣”（Il est du véitable amour comme de l'apparition des esprits: tout le monde en parle，mais peu de gens en ont vu.）（《箴言集》，第 76 条），流传至今。

台。事实上，那是一场噩梦。在悉尼大学修法文，几乎让我终生将法国拒于门外。

我所受的教育让我学到很多东西，法文甚至学得还可以，但我没有学到一丁点儿巴黎的历史与文化。我没有足够的基础，可赖以了解这个伟大而复杂的都市有机体。首度造访巴黎的我，不过是一名比其他人多会一点儿法文的观光客。

几年后，我重返巴黎。这时候，我年近三十，在人生的道路上碰得鼻青脸肿。我有一份好工作，担任副总理的咨询顾问和演讲稿撰写人，但在这个职位上，我感觉不甚自在。多数时候，政治都让人很不愉快。我有个好男友，但交往并不顺遂，往往还关系紧张。事实上，重返巴黎让我有一种怯生生的感觉，觉得自己很脆弱，甚至请我的朋友兼前同事爱伦早上七点来机场接我——现在回想起来，这真是个过分的要求。而她就出现在那里，在一大清早的喧嚣中优雅现身，用那迷人的低沉嗓音迎接我，护着我穿过人群。

爱伦是澳大利亚外交人员，所以我又回去住在那座“碉堡”中。虽然我万分感激能享有这种特权，却还是身陷前所未有的低潮里。然而，爱伦的住处装满了戏剧化的现代艺品、皮耶爵香槟[1]、红艳艳的山本耀司束身套装和三宅一生褶皱衫。她的

[1] 皮耶爵香槟（Perrier-Jouet）：法国经典香槟。

时髦玩意儿改造不了这栋建筑物，但却让这黑暗、有如洞窟般的宿舍生机盎然起来。

况且，这回我身在一个不一样的巴黎，夏天的巴黎，一座截然不同的城市，而且是从爱伦熟知且热爱这座城市的双眼看出去的巴黎。她带着我游览她的巴黎。

不过，一开始，爱伦得为我上一点法国文化课，好让我上得了台面。我们走进当地一家面包店，爱伦靠过来咕哝道："别笑。"

"什么？"

"你笑太多了。他们会认为你是美国人。"

这可把我搞迷糊了。"笑有什么不对？"

"法国人觉得对陌生人微笑很幼稚，就像小宝宝想要博取赞美一样。"

我有点愤愤不平，本想对她说：你是说我很幼稚？是这样吗？是吗？但是我忍住了："那，我应该怎么样？冷若冰霜？"

"应该彬彬有礼。走进一家店里，你要像法国人那样，清清楚楚地说'日安，女士'或'日安，先生'。离开的时候，要说'谢谢您，女士，再会'。法国人会与他人保持尊贵、极有修养的距离。这是法国礼仪，也是很适当的礼仪。"是啊，她的口吻中就流露出一丝尊贵的气息。我顺从地变个脸，收起笑容，面无表情。

几个小时后，我脱口而出："等一等，你一直在对那位侍者微笑！"

“是啊，我是，可不是吗？”爱伦挑了挑眉毛，轻轻晃着她的酒杯。

“很有趣吧？过一阵子，你就不需要照规矩来。别问我为什么。”爱伦令人恼火的自满态度刺痛了我，奇怪的是，她是对的。一旦我不再期望法国人对我微笑，他们就对我微笑了，好像我抓到了某种违背常理的社交节奏似的。

在我掌握到笑与不笑之间的诀窍，学会了如何以简短又细腻的礼节进出精品店和咖啡厅之后，巴黎就变得友善多了！

那几周里，爱伦从工作中抽出空来，陪我一起走上几里路，越过小桥，穿过小径，逛遍十九世纪的拱廊，踏上宽广的住宅区广场。我们去了著名的大型商场，也去了小型特色商店，买了三双罗伯特·克勒哲里[1]女鞋；我们在一家传统餐馆用餐，在那儿用餐的老太太们会顺手喂一喂餐桌底下她们带来的狗；在派对上与日本时尚设计师一起摆姿势；三更半夜闯进一家柬埔寨面馆大吃大喝；在双叟咖啡馆啜饮基尔酒；观看圣日耳曼大道（Boulevard Sanit-Germain）的同志游行；与澳大利亚艺术家共进午餐后，再与法国管理顾问共进晚餐……

在南西·米特福德的《恋恋冬季：天涯追爱》里，女主人公琳达透过情人法布里的双眼观看巴黎，而爱上了这里。

[1] 罗伯特·克勒哲里（Robert Clergerie）：当今四大法国皮鞋大师之一。

“你真幸运，能住在这样一座城市里。”她对法布里说，“在这里，要不快乐是不可能的。”

“也不是不可能。在巴黎，人的情绪变得更强烈了。你可能比在其他地方更快乐，也可能更不快乐。但住在这里肯定有源源不绝的喜悦，没有人会比一个离乡背井的巴黎人更悲惨的了。在我们眼里，世界上其他地方都显得难以忍受的冷漠和凄凉，不值得一住。”

我开始懂了。

爱伦和我在一场派对上偶遇两位年轻艺术家，我们四个人很快地就结成一伙。他们是费利克斯和小金。费利克斯有着深色眼睛与卷发，我推测他来自南法；满面笑容、身材苗条的小金来自韩国，是费利克斯的女友。有天晚上，费利克斯带我们去他哥哥经营的“雷邦”，这是一家时髦得不得了的夜总会。那里正在举行高缇耶[1]冬季男装秀的庆祝派对。我们玩得很开心，喝香槟、聊天、欣赏美丽的模特儿。稍晚，爱伦完全被一位貌似卡拉瓦乔画里美少年的意大利发型师独占，我则在热舞音乐的乐声中，设法和费利克斯聊天。我听到他提及突尼斯，我猜，他在说爱伦最近一次在那里不愉快的度假经历。

我做了个戏剧化的表情，盖过吵闹声对他大叫：“烂透了！”

[1] 高缇耶（Jean-Paul Gaultier）：法国知名时装设计师。

费利克斯有点被吓到的样子。

“千万别去那里。不好。”我摸着肚子，夸张地作势打滚起来，吼道，“会生病，病到脸都绿了。”

费利克斯靠过来，凑近我的耳朵说：“不会吧，我是突尼斯人耶！”

我一脸惊恐，他哈哈大笑起来。从此，我们变成拆不散的好朋友。

在我离开的前一晚，费利克斯和小金来到爱伦住处，要我多待一天，这样我和爱伦就能一起出席他们的婚礼。婚礼在巴黎第十六区的市政厅举行，花了不多不少的两分钟。随后，一身华丽长袍的市长传了一个钵给大家（这是干吗？我想不通），让我大吃一惊。费利克斯和小金身穿相互搭配的白色礼服与西装，厅外阳光笼罩在他们身上，闪闪发亮。

婚宴在费利克斯的哥哥家中举行。在那栋巴黎宅邸乳黄色的围墙里，庭院处处点缀着花朵，大门内侧则漆成了鲜艳的蓝色。时不时地，蓝色大门会猛然打开，身穿白衣的送货员鱼贯而入，送来一束束鲜花、一盘盘生蚝和烟熏鲑鱼，或是一座摇摇晃晃、作为结婚蛋糕的泡芙塔。这是我第一次不只是以爱伦的朋友角色，更是以我自己的身份，受邀参与巴黎人的生活，在这个浪漫之都的舞台上扮演我的角色，演出我的剧情。感觉起来，这场景就像一出戏，有着莎士比亚喜剧般的热情与不可思议的喜悦。来自不同种族背景的摄影师、时尚设计师、塔罗牌算命师、彩妆师、社会名流以及青春正盛的俊男美女们，在一个悠长的仲夏夜里，融入这引人入胜、属于他们的故事情节里。

最后，我开始懂得巴黎了。这座城市既庄重又轻佻，既古旧却不显老，严重地保守却又夸张地现代化。在那个夜里，在那一对兴高采烈的新人、飘飘然的空气、动听的音乐和以四种语言进行的对话包围下，我感觉自己和这座城市有了某种温柔的牵系，知道自己将会一再地归来。

我离开了爱伦，离开了巴黎，回到堪培拉，回来面对一场必然战败的选战，而后男友抛弃了我。可是，我在自己身上，找到了某个非比寻常的核心——一点点的信心、一丝丝的希望。

因为，无论发生什么事，**我永远都拥有巴黎**。这句陈腔滥调对于我，对于情迷巴黎的许多人来说，是块瑰宝，也是个承诺。

此刻，当我拿着笔记本和一长串神秘的地址坐在这里，真难相信我先前一次次地造访巴黎，竟不曾想过去追寻我最爱的女作家们的踪迹。爱伦曾经在皇家宫殿（Palais Royal）指出柯莱特的居所，但当时我并没有特别的联结感或认同感。我想，那时的我还不知道这幢建筑物的内部样貌，爱伦的介绍当中也没有什么可供我想象的地方。（今天，我当然能够生动地想象在那狭小的舒适房间里，有着红色的墙壁、光洁的镜子、五彩缤纷的玻璃镇纸，还有那顶着一头紫色头发的狮后柯莱特，躺在她的长沙发椅上。)

从十七世纪的巴黎、大革命时期的巴黎、拿破仑的巴黎、存在主义的巴黎，到前卫艺术的巴黎，巴黎的多样化、多重性格无穷无尽。它是那种你可以层层探寻却终生挖掘不尽的城市。游民、狗大便、民族风、势利，加上贪腐——真实世界中的现代巴黎不仅存在于与昨日巴黎错综复杂的关系中，更与想象中的巴黎相互联结；**巴黎不仅是一个具体的城市，而且还是一个抽象的概念。**

十九世纪初，乔治·桑从乡下来到巴黎之后搬了几次家，才找到理想中的居住地点。对她而言，这寻寻觅觅的过程也是她了解巴黎面貌的过程。

我……在圣米歇尔大道（Quai Saint-Michel）某个街区转角上一栋大房子的阁楼里，很快就安顿下来了。我的住处位于桥的一端，对面是穆尔格陈尸所[1]，有三间相当干净的小房间，和一个可将塞纳-马恩省河风光尽收眼底的阳台。在这个阳台上，我可以望着巴黎圣母院、圣雅各布大教堂、圣礼拜堂等景物沉思冥想。我有天空、水、空气、燕子和屋顶花园。我不觉得自己是现代巴黎的一分子，现代巴黎不合我的胃口，也不合我的荷包。我属于过去的巴黎，属于雨果笔下那个如诗如画的巴黎。

[1] 穆尔格陈尸所（la Morgue）：位于巴黎的陈尸所，无名尸被暂放在此供人指认，往往是些在塞纳-马恩省河投河自尽或游泳发生意外的人。

乔治·桑所寻求的，是合乎她心境以及她艺术想象和期望的巴黎。在她小小的哥特式阁楼里，她找到了一个完美场所，将自己塑造成一介浪漫“英雌”，好探索巴黎、自由与爱。巴黎为乔治·桑腾出空间，为容纳她而调整自己。巴黎的巨流掀起旋涡一阵翻搅，变得益发宽阔。巴黎给了她蜕变的空间。

我想象中的巴黎，是欢愉之都、历史之都、美之都，是一个让身为女人的我重获能量的地方。每次回到这里，就像重访一位女性长辈友人—— 一位尊贵、高高在上的伟大女性；她希望我处于最佳状态，谈吐机智，游刃有余，始终站稳脚步。

我喝完早晨的这杯咖啡，回眸凝望巴黎圣母院——建筑中的建筑。令我着迷的，不是它的如山不动，不是它的庞大和宏伟，而是和它一样伟大的巴黎女性那有血有肉的灵魂，那些永远处于流动中、转变中、自我发现中、创造中的女性。

孚日广场

在法国，生活是艺术，女人是艺术家。

——伊迪丝·华顿

即使这里是巴黎——世界上最美丽的城市之一，第四区的孚日广场（Place des Vosges）还是美得令我想开怀大笑。我步出拥挤的圣安东尼街（rue Saint-Antoine），走进苏利府邸（Hôtel de Sully），在书满为患的书店流连忘返，曲折地穿越庭院，然后，看哪！孚日广场到了。这是在我抵达巴黎几天之后，一个春日近午时分，孚日广场像个礼物般出现在我眼前。

倒不是说孚日广场雄伟壮观或者令人心生敬畏，事实上，看看那些玫瑰花、乳黄色的砖块、阴凉的拱廊，还有四边形的花园，这座广场盖得绝对人性化。我来自悉尼，一个古旧建筑老是被贬为无用废物的新兴都市。然而，在巴黎，这座将近四百岁的市区建筑仍在发挥着它的作用。三十六栋高高瘦瘦的房屋围绕广场四平八稳地矗立，下方的回廊与拱廊可供悠闲散步的行人遮风避雨，也给了画廊与精品店一个空间。广场一头是一家米其林三星餐厅，另一头则是间奢华的旅店。花园里的长凳子上，坐着成双成对的情侣、轻轻摇着婴儿车的母亲、读着报纸的男士。一群观光客环视四周，一脸的心满意足，仿佛这地方的设计正合他们的心意。孚日广场就是这样一个地方。

我穿过广场，来到“我的勃艮第”（Ma Bourgogne）这家位于转角的咖啡馆，点了杯红酒，坐下来发呆、看风景。我看着现在，想着过去。这里，我想着，这里就是一切开始的地方。

当外国人想要了解法国人时，通常会跑去凡尔赛（Versailles）；因为，传言说是太阳王路易十四创造了法国文化。

1661 年，他动工整修一栋家族狩猎小屋，并在 1674 年逐步将王室从巴黎迁至凡尔赛。凡尔赛在路易十四手中变成一个囚禁贵族的金色牢笼。他让统治阶层被享乐与庆典占据，让朝臣忙碌得无暇或无心谋策叛变。太阳王建立了一套复杂巧妙的社会规范，通过战争与武力征服，将这套规范带到欧洲其他地区。但是，路易十四并未发明法国文化，他只是借用了而已。

我的左手边是孚日广场二十号，一名意大利新娘的公公家。时间是 1590 年左右，新娘名叫凯瑟琳·德·维逢，新任的朗布耶夫人[1]，从讲求传统骑士精神与宫廷礼教的意大利，来到了粗野不文的法国。当时被称为皇家广场的孚日广场仍在兴建中，最初的目的是要供吵闹的军队游行之用。巴黎人过着中世纪的尚武生活，居民们早上在决斗者为了活动筋骨或为了荣耀而战的兵器撞击声中醒来。这名年轻的新娘认为，最糟糕的，就是这些房子！豪华宅邸设计得像封建时期的狩猎小屋，有着通风良好的宽敞空间，以及一面面血红色的墙。

于是，朗布耶夫人吩咐建造一栋房子，一栋完美的房子，要有舒适宜人的客厅，不要太大间，色调是蓝色、白色与金色，要有小小的凹室，欢迎大家在这样的空间里私相交流。朗布耶夫人用她抑扬顿挫的意大利口音，称呼这个待客室为“沙龙”（salone）。朗布耶夫人的客厅于是成为史上第一座沙龙，宾客仅

[1] 凯瑟琳·德·维逢／朗布耶夫人（Catherine de Vivonne / Marquise de Rambouillet，1588—1665）：法国十七世纪交际花，在文学史上亦有一席之地。

限于才子佳人与骚人墨客，只有最杰出的艺术家和作家、最英勇的士兵、最美丽的淑女受邀，而且可不会爱屋及乌地连同他们的伴侣一起算进去——没有平白沾光这回事儿。这一点，无疑为宾客们的谈话平添了几分调情挑逗的因子。有史以来头一遭，女性成为社交中心。她们的角色是要去引领、指导、激发、振奋，当中最为优雅脱俗者，名媛之称不胫而走。男士们渴望成为所谓的 honnête hommes——高尚、有教养而不做作，还有最重要的，应对得体的雅士。这个小小社交圈的中心，是一个崭新的概念：**savoir vivre，生活的艺术。**

美食艺术、谈话艺术、服装艺术和爱的艺术，朗布耶夫人将各种当时巴黎的元素集合到一个屋檐下。史学家克罗宁[1]如此阐述皇家广场："这座广场可谓是划时代转变的标志，巴黎从亨利四世粗鲁的男性化社会，转变为以才女佳人为中心、机智风趣的社会，至今依然。"

广场另一边，一号房屋是塞维尼侯爵夫人[2]的出生地。她是朗布耶夫人最著名的宾客，风趣、活泼、世故，相当活跃的一号人物，后来住在如今坐落着卡那瓦雷博物馆（Musee Carnavalet）的大街的转角。卡那瓦雷博物馆，也合该是巴黎历史博物馆了。塞维尼侯爵夫人的书信，体现了法国人所谓的"esprit"：聪明、

[1] 克罗宁（Vincent Cronin，1924— ）：英国著名历史学家及传记作家。

[2] 塞维尼侯爵夫人（Madame de Sévigné，1626—1696）：十七世纪法国贵族，十八岁时与塞维尼侯爵成婚。她所写的书信机智而生动，多半以她的女儿为对象，成为传世之作。

才智，再加上灵性。

是时候再来一杯酒了。现在，我的目光笔直地穿过广场，落在帕达拉姆路上（rue du Pas-de-la-Mule）。转角那里，住过十七世纪最有影响力的交际花。她曾坐在由男仆抬着的轿椅中，来到这座广场。她的名字叫妮侬·德·朗克洛（Nion de Lanclos）。

妮侬不同于那些名媛淑女，她不高尚也不娇贵，她是个享乐主义者，一位讲求聪明才智的享乐哲学家。她相信，聪明才智若不能带来快乐，就不叫聪明才智。不像朗布耶夫人沙龙里的大家闺秀，妮侬要求享有一切男性所被赋予的自由与责任，她说：“我宁为绅士，不愿为贞女。”

枢机主教黎希留（Cardinal Richelieu）是妮侬早期的仰慕者之一。他也住在皇家广场这里，地址是二十一号；事实上，就在我背后而已。瞧，店家前面还有块牌子呢。他提出给妮侬一笔财产，要她做他的情妇，妮侬拒绝了。就一个追求者而言，那笔财产数目惊人；但就一个她不爱的男人而言，数目并不足够。

随着年龄渐长，妮侬越来越受到尊崇，上流社会的女士纷纷将儿子送到她的礼仪学校。今日法国男士罗曼蒂克的美名可说归功于妮侬，她将笨拙的年轻人调教成热烈的情场能手。她曾说：“床笫之事要美好，比指挥军队需要多出百倍的技巧。”

然而，最具才智的男士聚集在妮侬的巴黎沙龙，纯粹是为了交谈。剧作家莫里哀是她的挚友，箴言作家拉罗什富科是她的常客，她是第一个在伏尔泰还是个小男孩时就肯定他写作天分的人，甚至在遗嘱中留了一笔遗产给他。这些在英语世界里名气盖过妮侬的男人，急切地穿过这可爱的广场，前去造访位于转角的妮侬家。

几个世纪以后，西蒙·波伏娃写道：

法国女人之独立自主……看似最接近男人的，要属妮侬·德·朗克洛，十七世纪一名才貌双全的女子。看似吊诡的是，这些将她们的女性特质发挥到极致的女性，却为自己创造了几乎与男性对等的位置……行为自由、言谈自由，她们——就像妮侬——得以获致难能可贵的心智自由。

就在这孚日广场周围，在一群女子的掌握下，诞生出一个耽于美、讴歌爱与性、重视艺术与文化的社会。现在，我坐在这个完美、不变的角落里，身边是散步的情侣、玩耍的孩童与高雅的店家，感受最深刻的，是这里如此的都市化。说来微妙，因为，近来“生活的艺术”这概念往往与自都市退隐联结在一起，而且带有对乡间的向往——也许，是一栋在托斯卡纳的别墅，又或者是一幢坐落于某个未受污染的海滩的小木屋。但在十七世纪，“生活的艺术”是种都市化的概念，拥抱生活艺术的女子们一点儿也没有要退隐山林的意思。她们反而重塑了社会秩序，将自己置于文明生活的中心。

我刚开始阅读关于沙龙女主人的事迹时，心中不免怀疑，这些女人真的这么享受自由吗？但她们果真如此。这里面有许多人，过着独立的单身生活，有着广阔的交友圈、丰富的社交活动，热衷于公共事务。斯居代里[1]是其中一位沙龙女主人，写过许多罗曼史小说，不曾结婚，事实上，也从不向往婚姻。她直率地说：“如果必须与人结合，我一定会陷入苦恼的深渊。”塞维尼侯爵夫人二十五岁就成为一名富有的美丽寡妇，她明白表示终身不会再婚。路易十四的表姐蒙庞西耶女爵[2]是坚决不婚的又一例。路易十四曾将他顽固的表姐自巴黎流放数次，只因为她拒绝与他为她挑选的对象结婚，至死都是单身。

再来就是有风流荡妇之称的妮侬。她有一个儿子，但未曾婚嫁。只有在她乐意的时候，才会从五名富有的包养者[3]当中挑一位同床。甚至到了晚年，她还是被飞蛾扑火般的追求者团团围绕。妮侬会不时从这些人当中挑一个她最爱的健美俊男，恋情通常不会超过三个月。她说：“一个明智的女人不应未经大脑同意就结婚，也不应未经她的心允许就恋爱。”如同那个时代的一些女性，妮侬似乎不曾找到一个够好的理由走入婚姻。在我们的现

[1] 斯居代里（Mademoiselle de Scudéry，1607—1701）：法国小说家和社会活动家，她根据真人真事创作的小说在十七世纪享有盛誉。她曾绘制的《柔情王国地图》（La Carte de Tendre），是早期最有影响力的心灵地图之一。

[2] 蒙庞西耶女爵（Duchess of Montpensier / La Grande Mademoiselle，1627—1693）：法国公主，有“法兰西孙女”之称。

[3] 即 payeur，妮侬将她的情人分为三类：包养者、烈士（martyr）和挚爱（favori）。

代社会中，年长单身女性的生活有着某些社交上的不利因素。但在妮侬时代的巴黎，对某个阶层的女性而言，岁月的轨迹是通往道德、心智与社会自由的途径。

法王路易十四在巴黎这群慧黠、多样而且步履坚定的女性围绕中成长。他在将凡尔赛建立成权位中心的同时，也将巴黎沙龙中的女性价值落实为一套礼仪系统，奠定了现代社会论述的基础。后来，在法王长期的统治之下，凡尔赛礼教成为僵化的枯燥形式，但在几个特立独行的女子带领之下，巴黎的沙龙文化依旧生气蓬勃、持续发展。

现在，红酒与阳光让我整个人暖洋洋的。我沿着孚日广场四周漫步，感觉昔日残影环绕。那一栋是一号，神采飞扬的塞维尼侯爵夫人于此诞生。还有六号，另一位交际花德洛姆[1]在此引荐妮侬进入沙龙圈。二十一号，枢机主教黎希留曾在此长居。我仿佛感觉到枢机主教与交际花们厚重的丝绸衣服拂过，隐隐听到轻轻的谈笑声、诙谐的如珠妙语，还有约定幽会的低语。我脑海里的呢喃与长凳上一对年轻恋人的笑声交融在一起。

我还记起其他关于沙龙女主人的事情。她们着迷于人性，最爱的莫过于分析、描述人类心灵的复杂运作。她们在彼此的沙龙里互相切磋想法，直到这些想法发出耀眼的光芒。打开一本语录，你会发现里面满是塞维尼侯爵夫人和她的堂兄比西 - 拉比

[1] 德洛姆（Marion Delorme，1613—1650）: 十七世纪法国交际花。

旦、拉罗什富科和他的情妇拉斐特夫人[1]，还有斯居代里与拉布吕耶尔[2]所留下的名言警句。

斯居代里说：“善妒者能从无中生有。”拉布吕耶尔说：“其貌不扬的女子若有人爱，那份爱恋必然格外激烈；因为若不是情人眼里出西施，就是她有不为人知的过人魅力。”以负面态度看待人性的拉罗什富科讥讽道：“爱情不像友谊而较像仇恨——若从它造成的影响来看。”我聆听着这些来自十七世纪沙龙，充满智慧、入世、辛辣的声音，一种令人毛孔战栗的兴奋感油然而生，像是注射了一剂智慧之针到我这个现代人的简单头脑里。

我喜欢想象自己也在这样一场对话中口吐珠玑，但我怀疑自己恐怕只会说出一些蠢话。现代社会让人变得懒惰散漫且自我耽溺，我们认为揭露自我就构成了良好的对话内容。尽管这群沙龙人士的话语如警钟般让我紧张，我还是欢迎这样的当头棒喝。我会试着成为一个灵敏、锐利、思路清晰、步履坚定的人，这个目标或许遥不可及，但至少我会进步一些。

从这里往上走，是斯居代里曾住过的博斯路（rue de Beauce）。无论当时或现在，这一带都是玛黑区里不那么时尚的地段。斯居代里曾创造了一件奇特而令人赞叹的艺术品，那是一

[1] 拉斐特夫人（Madame de Lafayette，1634—1693）：十七世纪法国作家，曾匿名出版《La Princesse de Clèves》（《克莱芙王妃》），此书成为法国最早的一本历史小说。

[2] 拉布吕耶尔（Jean de La Bruyere，1645—1696）：十七世纪法国散文家、伦理学者。他的第一本书《Caracteres》（《品格论》）于 1688 年出版时，曾被形容为一位将同时“拥有许多读者并树立许多敌人”的作者。

张地图，一条宽阔的河流从上方横向穿过，一条小溪垂直从中将地图一分为二，图上随处散落着湖泊与村庄。这可不是一张战略图，或许也可以说它是，因为它代表了对爱之本质的叩问与探索。在地图底部，最终的目的地是“柔情王国”，通往这个王国的直接途径，则是沿溪而下，经过“高贵心灵”“真诚”“情书”和“柔情蜜意”这几座有着和谐名字的村落。这途中也有歧路和圈套，例如“背叛”“自满”和“漠然”，愚蠢或不忠的旅人将在爱的旅途上因而跌入陷阱。

第一次看到《柔情王国地图》这幅画时，我心想：多么惊人啊，看看它左右对称的结构，就像人的心脏，有左右两个心室。之后，我又看了一次。这一次，它看起来像左脑和右脑。最后，让我大为诧异的是，我了解到，这幅地图若要比拟成什么的话，那它最像女人的子宫——那条水平、宽阔的河代表了输卵管，中间的溪流是产道和阴道，湖泊和大海是卵巢，柔情王国位于性爱发生地，同时也是新生儿诞生处。诞生的是什么？或许是带有传奇色彩的爱，或许是不落俗套的爱，或许是不婚的爱，或许是将心与灵、理性与感性合而为一的爱。这爱就在女体里孕育，通过女体诞生到世间。

现在，该是绕到位于杜讷尔路（rue des Tournelles）转角的三十六号，去看看妮侬住过的房子的时候了。从 1657 年起，直到 1705 年临终时，她在这里住了四十八年。这是一栋小巧、朴素的房子，代表了妮侬对经济自主独立的决心。

从妮侬家再经过几扇门，我来到一间婚纱店。这不是一间高傲的圣欧诺黑路[1]精品店，也不是一间在玛黑区越来越普遍的大胆年轻设计师工作室。我望着覆着一层灰的橱窗，一件蓬蓬的白色婚纱占满这个灰色的空间。我看着它，不禁想象起会买下这件荷叶边蓬蓬裙的年轻女孩的模样。我想象她是个老派的人，对她而言，婚姻不只是爱的仪式，也是社会身份的表征。我沾沾自喜地下结论：这桩布尔乔亚[2]情事，既不传奇，也不脱俗。

但若要我像沙龙女主人们那样坦率直言，我得承认这结论不是我脑海中唯一闪过的念头。我必须承认这件婚纱隐含了某种目的性，某种我绝对缺乏的目的性。步入礼堂不是我的强项，长大后，我有大半时间投入热烈的恋情中，因崇高的爱情理念而燃烧，却又反其道而行地无意或无法修成正果。我可以如数家珍地列举我曾经以爱为名所做出的壮举：花大钱买机票去伊朗或墨西哥看望男友，夸大地假装热衷于其实没有兴趣的事物（喔！纽约地铁！禅！佛教！冲浪），感情陷入僵局时自取其辱的卑微表现，恋情告终时哭红双眼的绝望处境。但是现在，这些曾经如此独一无二、左右着我的幸福快乐的男人，我几乎都记不得了。在我的心目中，他们全变成可被取代、彼此间大同小异的人。我怀着一丝丝的罪恶感，发现他们在我人生的剧本里只是小小的过客；而我的爱情故事呢，一样的，既不传奇，也不脱俗。

[1] 圣欧诺黑路（rue Saint-Honoré）：巴黎最时尚的布尔乔亚精品店区。
[2] 布尔乔亚（bourgeoisie），资产阶级一词的法语音译。——编者注

我猜测着，倘若妮侬尚在，她会怎么想呢？说来有趣，在很久很久以前，有些女性面对人际关系时的世故，要比今天我们所自以为的更为老练。妮侬肯定会嘲笑现代中产阶级新娘们的互相较劲，毕竟，她自己是谢绝铺张与奢华的。但她也同样可能会对我这种现代浪漫主义者过分洒狗血的肥皂剧爱情不以为然。妮侬绝不会肤浅到以时间长短来评断一段恋情，也不会因为一个女人有过许多段夭折（或说失败）的关系而谴责她。相反地，三百年前的她在那头，隔着一道智慧的鸿沟，用一种狡猾又高雅的挑逗姿态提醒我道："只爱过一个男人的女人，不知道什么叫作爱……"

法兰西学院

一天，阿贝·德·夏特诺[1]发现格兰榭元帅夫人气得满脸通红，于是他问："夫人，怎么了？"她答："我无意间在柜子里翻到一本书，应该是一本书信集吧，书里说：身为太太，要服从你的丈夫。我把那本书扔了。"

——伏尔泰

[1] 阿贝·德·夏特诺（Abbé de Châteauneuf）：伏尔泰的教父。

我走在艺术桥（Pont des Arts）上，想着情况还能更糟吗？今天天气太热，天空太亮了。这样的大晴天，我这一身衣服太过厚重，脚也已经肿起来。我不太舒服，而且惊讶地察觉到，我很紧张。

我的目光越过桥面，落在目的地法兰西学会[1]（Institut de France）上。这栋古朴的建筑矗立在塞纳-马恩省河左岸，当初是由路易十四的第一位首相马萨林枢机主教下令建造，以作为乡间法国贵族的精修学校。设计者是大建筑师勒沃（Le Vau），于1688年完工。1805年时，拿破仑决定将其改制为法兰西学会，成为法国各类科学与文化学院的基地。如今，马萨林枢机主教大教堂镀成白色的穹顶，就罩在法国最有名望的法兰西学院上方，俯瞰着底下的典礼与会议。学院的任务是保护法国语言，进而连带保护法国文化；这里是法国的圣地，难怪我会紧张了。

再说，我也没有准备好。一个人在巴黎闯荡，通常需要几封推荐信，最好还有凭证、戳印或什么具体要件，全部都得在事前备妥。法国人不喜欢随机应变，但我是澳大利亚人，在这里只是短期停留，而且我满怀希望。现在我只希望自己看起来更有模有样点。

我慢慢地穿过庭院，走上阶梯，停在一名眼神温和、大腹便便的工作人员面前，小心翼翼地询问学院这里是否提供导览服

[1] 法兰西学会共包含五个学院，分别为法兰西学院、人文学院、科学学院、艺术学院，以及伦理与政治学院。其中又以法兰西学院最为著名与最具权威。

务。他点点头，百无聊赖地垂下双眼。

“有的，女士，在每个月的第一个星期六。上星期六有导览，您要登记参加下一场吗？”

我试着要谈吐不俗，不过没能成功：“喔！可是到那个时候，我已经回家了，而且要好一阵子才会再来这里。”正如我所害怕的，那副表情出现了，他耸耸肩，冷冷地沉默以对。

“还是我写封信？看能不能参加这里其他的活动？”他给我的答复是撇了撇嘴，意思是说：好啊，你写啊。

“事实上，”我说，“我是来找人的。”

“是吗，女士？”

“呃，嗯，我找的人，可能埋在那个穹顶下方。”

这位男士在法兰西学院可能只是一名警卫，但他同时也是法国文化的守护者。我看着他棕色的眼睛顿时亮了起来，甚至听得到他暗自在心中将我从（满不在乎的）观光客升级为（有可能传承法国荣耀的）学者。

事情并非一蹴而就。这位男士慢慢地吸了一大口气，擤了擤鼻涕，然后朝我靠过来，肚子舒舒服服地抵着柜台。这是在提示我可以开始娓娓道来了。我用我的蹩脚法文，告诉他马萨林枢机主教五位外甥女中最漂亮、最狂野的荷坦丝·曼西尼（Hortense Mancini）的奇特故事。

马萨林女爵荷坦丝·曼西尼，在1668年出走时才二十三岁。她离开丈夫和四名子女，抛下宫殿与地位，放弃安全与名誉，自此不曾再回到法国居住。往后七年，她在欧洲四处游历。有几年的时光，她安定下来做萨福邑公爵的情妇，但公爵过世后，他的正室理所当然地将荷坦丝轰了出去。最后，荷坦丝于 1675 年去了伦敦，成为英皇查尔斯二世的情妇，在英格兰度过余生，直到 1699 年死于伦敦。

我停下来喘口气，警卫先生接口道：

“女士，如果她死于伦敦，你怎么会认为她葬在巴黎？”

“这个嘛，三十年来，她的先生始终迷恋着她，甚至诉诸法律想要迫使她回头。她死后，他从英格兰将荷坦丝的遗体装在棺材里，用马车从欧洲的一个庄园载到另一个庄园。就这样过了好几年，荷坦丝从温森斯被载到布列塔尼，又从波旁被载到阿尔萨斯。”

“然后呢？”警卫先生挑起左边的眉毛。

“结果如何不得而知，但根据我读到的书上记载，荷坦丝最后似乎是和她的叔叔马萨林葬在一起。”

他缓缓地点点头。这个巴黎人绕回到想必从一开始就让他费解的问题上：“她一开始到底为什么要离开巴黎？”

我有一个相当令人满意的答案。

“因为她先生疯了。”我说。

警卫先生百无聊赖、无可奈何地点点头：“啊，这样啊，疯了是吧。”他顿了顿，突然坐了回去，目光越过我的肩膀，落在后面墙壁的挂钟上。他转过身，面对挂着钥匙的木头柜子，拿了整串的钥匙下来。“来吧，”他说，“可是动作要快点。”但我们并没有加快动作，只管慢慢踱步穿过庭院。他摆动肩膀，好挺着他的大肚腩往前走。

我们爬上宽宽的木头阶梯，他打开一扇厚重的门，领我走进一间屋顶挑高的绿色房间；那就是马萨林大教堂，法兰西学院所在地。混浊的光线从穹顶流泻而入，四十个绿色的座位排成半圆形，就像一个小型的国会。其中一个角落有一座拿破仑雕像。这里面很冷，很安静，很空。警卫先生骄傲地挺起胸膛，以这个地方及其重要性为傲。难怪他要自豪了，有好些伟大人物都曾经坐在这里——雨果、缪塞、夏多布里昂，还有尚·考克多。我由衷地叹为观止。

而在一个凹室里有一座陵墓。我们一起走过去，我开始有点不自在了。我们双双盯着陵墓，那是一具巨大的黑色石棺，底下有基座。石棺上立着马萨林枢机主教的巨型大理石塑像，鼻子尖尖的，长袍款摆，小天使随侍在侧。石棺下方三座大型黑檀木雕像是柯塞沃克（Coysevox）著名的雕刻作品，分别代表和平、审慎和忠诚。它们守护着石棺，或者彰显着石棺的重要性。不过，我们俩都没在想它是件艺术品的事，只顾着找荷坦丝的遗体。

我们全神贯注地注视着陵墓，仿佛期待荷坦丝一骨碌跳出来似的。但即使石棺显然大得足以容纳两个人，却没有任何标志说明她和叔叔葬在一起。没有告示牌，没有雕像，什么都没有。

我突然想到，严格来说，荷坦丝在这里从来就不受欢迎。法兰西学院出了名的保守，尤其有严重的性别歧视。自从黎希留枢机主教于 1635 年创立学院以来，七百名院士当中只有四名女性。第一位是尤瑟纳尔[1]，她在 1980 年获选为院士时，已年届七十七岁高龄了，就连她都不确定自己在这里究竟能否站得住脚。

“我，半信半疑，没有把握。我，对于我自己的存在满怀质疑。”在就任演说里，尤瑟纳尔对与会者说，“这样的我，在这里，有一群隐形的女性包围着我、陪伴着我，她们或许早该获得此等殊荣，所以，我很想站到一边，让路给她们的灵魂……”这一群隐形的女性，她提及的有斯塔尔夫人、乔治·桑和柯莱特。她们都不曾受邀在此享有一席之地。

尤瑟纳尔继续说道：“在这个处处可见女性影响力的法国社会，我们也不能说法兰西学院仇视女性。这个社会的习俗是乐于拜倒在女人的石榴裙下，但并不给她们一席公认的地位，法兰西学院无非就是随俗罢了。”

我想，这就是荷坦丝的处境。她从不曾获得一席公认的地位，她固然不曾有过什么艺术创作，但她确实为自己找到了一座舞台。抵达伦敦后，一年之内她就主持了一个重要的沙龙，将法国精神带进英国社会。如同当时有人指出的：“在那里，谈论的主题无所不包，哲学、历史、箴言、警句、戏剧、古今作家、法语的优美与微妙……”妮侬的笔友圣·艾沃蒙侯爵是荷坦丝的追

[1] 尤瑟纳尔（Marguerite Yourcenar，1903—1987）：二十世纪法国文学最伟大的女作家，法兰西学院成立三百多年来首位女院士，著有《苦炼》（L’Oeuvre au Noir）等书。

随者之一，直到她死时，他都忠诚地随侍在侧。荷坦丝很快就变成十七世纪路易十四时期法国文化输出的一大媒介。她在政治上的重要性，致使法国大使必须向路易十四报告荷坦丝的一举一动。

但现在警卫先生眯起眼来看我了："她不在这里。"他一面说着，一面摇摇头感叹自己的老实，然后故意把手举得高高的，看了看手表。

喔，是的，荷坦丝不该出现在这里，我也不该出现在这里。

转过身时，我想：当然了，这里由男人当家做主。尽管此地是官方的法国文化中心，女性的缺席却让这里一点儿也不法国，甚至是反法国。这个空荡荡的房间令人赞叹，却不是法国文化跳动的心房。倘若这个心房果真存在，那也是在其他地方——**在法国女人所在的地方**。纵使荷坦丝曾经出现在这里，如今她的芳踪也已彻底被磨灭干净。

我们迈步离开，钥匙再度在门锁里转动。我们的追寻之旅无功而返，这会儿，我察觉到我的带路人想要尽快摆脱我。

走下楼梯时，我好好地谢过警卫先生，也表达了歉意。然后，怀着懊悔的心情离开时，我仿佛一下子从法兰西学院的一池冷水中，纵身跃入炎热的大晴天，立刻汗水涔涔，我需要一股微风和一杯冷饮。

巴黎是世上少数几个让形单影只的女性能够感到自在的城市

之一。在茶馆、咖啡馆、餐馆、小酒馆里，随处可见独来独往的女人。有时候，这些女人身边会伴随一个乖巧的丈夫（她通常无视于他的存在），或者一只丑陋的小狗（她会热情地抚摸它）。现在，我还注意到一项新的配件：手机。

但还是有很多女人像我一样，开开心心地独自一人，在博物馆后方一间朴素的茶馆里纳凉。早先造访巴黎时，我喜欢在咖啡馆的窗前假惺惺地摆姿势，一副忧郁、有才气的模样，在笔记本上随手涂写着我天真烂漫地自认为是俳句的文字。现在我不来这一套了，我不再费神让自己看起来有要事在身，不拿出手机，也不拿出笔记本涂写，我做巴黎人做的事情——坐着发呆。

你是否想过全巴黎有多少面镜子？我曾经认为这是因为巴黎人爱慕虚荣又自我迷恋，但其实不是，或者说不只是那样。这是因为巴黎人喜欢观看他人，而且不介意自己也被看回来。这就是为什么巴黎最有名的会客室是凡尔赛宫的镜厅，也可以解释为什么所有咖啡馆的椅子都并排着面对街上。在许多咖啡馆里，会有一排镜子像条带子般绕墙一周，如此一来，每张面容都可以从三个角度去观看。法国人对于让他人兴味盎然地观看自己感到很自在。（作家柯莱特临终时最后的遗言是："看哪！看哪！"）对盎格鲁-凯尔特族裔[1]的社会而言，这却是极其恼人的举动，但这却是我乐在其中的原因之一。我也喜欢它背后随之而来的合理推

[1] 盎格鲁-凯尔特族裔（Anglo-Celtic）：二十世纪前半期澳大利亚移民主要组成分子。

论：如果人们是美学享受的视觉欣赏对象，那么每个人对于共同构成周遭环境之美，都有自己的角色要扮演。

这也是我参观镜厅时感觉颇为沮丧的原因——这些镜子应该要反映精致优雅的男男女女，包裹在冰激凌颜色的丝绸衣服里，头上顶着雪白的假发，成千上万根蜡烛的暖光迤洒而下。然而，现实的情况，却是一群中西部的美国人，穿着色彩俗气的合成纤维服装。

喝着饮料，我的正面、侧面、背面都被框在镜子里，让有兴趣看我一眼的人观赏。这让我想起布拉塞[1]那张著名的摄影作品，一对上世纪三十年代的情侣在角落里，因镜子的反射，身影层层叠叠，她的头调皮地向后仰，手中高举香烟，他意乱情迷地朝她靠过去。而我们，布拉塞的好奇观众，看着他俩。

我再度想起了荷坦丝。她是一名众所瞩目，而且众所谈论的女子。有一幅画，画的是荷坦丝身着白色睡衣，半边酥胸袒露。她沉静地凝望着观看者。想象一下，她若是低头看到自己裸露在外的乳头，可能会吓一跳，又或许不会。因为荷坦丝对于自己交际花的生活，大大地乐在其中。

荷坦丝·曼西尼生来就是欧洲名流，在聚光灯下长大。她是马萨林枢机主教五位曼西尼外甥女中的倒数第二位，巴黎人称她

[1] 布拉塞（Brassai，1899—1984）：巴黎著名的匈牙利籍摄影师、雕刻家，布拉塞是他的笔名。他于1924年来到巴黎，并在此奠定自己在摄影方面的专业地位。本段所提到的，是一张名为《Lovers in a small cafe》（《小咖啡馆里的情侣》）的照片。

们为“马萨林姐妹花”。五位都在幼时从意大利被带来法国。交际花妮侬曾在给圣·艾沃蒙侯爵的信中，写到她觉得她们的血缘中带有魅力因子。但即使在这群美丽佳人当中，荷坦丝仍旧艳冠群芳。她不只是马萨林的外甥女中最漂亮的，也是路易十四的后宫佳丽中最完美的。她有橄榄般光滑润泽的白皙肌肤，水汪汪的蓝灰色大眼睛，柔顺的黑色卷发，更拥有一副雕像般的身材。一名当时的仰慕者说她不像那些无趣的法国洋娃娃，而比较像是一个“高雅脱俗的罗马美人儿”。就算日渐年迈，荷坦丝仍旧拥有所向披靡的吸引力。在她三十九岁那一年，男人们还在为了她决一死战。难怪塞维尼侯爵夫人要叹道：“谁能相信一个做祖母的人的一双眼睛，会引发如此灾难？”

单单是荷坦丝的美貌，并不足以解释她何以迷倒众人；她之所以出名，更因为她破坏规则。上流社会圈里的人们，兴奋地等着观赏荷坦丝传奇的下一幕：她接下来要做什么？这并不是说荷坦丝摧毁社会秩序或瓦解社会价值，她不是一个爱情反叛者或社会革命家，远远不是。她只是想要重新定义自己在社会上的位置，在不同的前提下重建社会秩序。当然，光是这一点，就够吓人的了。

当她的保护者萨福邑公爵于1675年过世时，荷坦丝被迫前往英格兰寻求庇护。因为她那痴迷的丈夫仍派了眼线在外搜寻她，荷坦丝选择取道法国在瑞士的敌区，她头戴假发，顶着饰以羽毛的帽子，穿着骑士所穿的丝绒裤裙，一身男装地行经阿尔萨斯和德国，前往阿姆斯特丹搭上开往英格兰的船。她勇敢地抛弃过去，坦然面对未知的未来。你料不到的是，途中她遇到了一位女性朋友，对方并没有为她的勇敢出走而高兴，反倒对她不肯向命运低头而愤愤不平。“最奇怪的是，”席多妮·德·柯赛列斯[1]怨道，“这个女人用她举世无双的愚蠢行径战胜种种不幸。在遭遇了挫折之后，她只想着要过得快活。经过这里时，她骑在马背上，摘掉了羽毛，戴上假发，由二十个男人护送。从她口中听到的，尽是小提琴、打猎和一切带给她欢乐的事情。”

这个故事当然也在巴黎沙龙之间流传开来。对于这样一个处于人生最低潮却还如此快乐的女人，巴黎人或为之着迷，或为之惊愕，端看个人性情而定。

荷坦丝身为查尔斯二世的情妇时，查尔斯与他多年的情妇芭芭拉·克丽芙兰所生的一个女儿热烈地爱上了她。荷坦丝没有戒慎惶恐地阻止这段不当关系，反而忽视查尔斯二世严正的指示，换言之，完全不顾她的社会与经济利益，和这位萨西克斯郡女爵擦出丑闻的火花。据一名愤怒的目击者指出，她们甚至一起练习击剑，大清早就吵吵闹闹地跑进摄政公园比画，出鞘的剑藏在睡衣底下。跟着感觉走而不跟着利益走，这正是荷坦丝的风格。此举使得查尔斯二世立刻将彼此的关系降级，于是荷坦丝在外交上变得较不重要，而收入也变得较没保障。当然，她的社会地位完

[1] 席多妮·德·柯赛列斯（Sidonie de Courcelles）：十六岁那年，她与荷坦丝陷入热恋，荷坦丝的丈夫因而将席多妮与荷坦丝双双送进修道院。

全仰仗自身的魅力，而非与皇室的关系。所以，在伦敦，她的沙龙依旧发热发光。

对荷坦丝而言，人生就是该浪费在欢愉的事情上。卫道士和不以为然者无法忍受荷坦丝破坏规则又无罪开脱，他们用“愚蠢”和“放荡”形容她的举止。英国清教徒约翰·伊佛朗称她为“马萨林女爵，那个迷途的名女人”，又凝重地补充：“全世界都知道她的事迹。”但荷坦丝对于欢愉的追求一点儿也不放荡，就像一支箭，直接、明快，近乎天真。

我决定不顾自己的疲倦，走一小段路去看看她的冒险之旅肇始之地，同时想想她身后留下了什么。

黎希留街上的黎希留图书馆先前是法兰西国家图书馆，现在则保存了一些法国学者专家的手稿以及钱币收藏。我在图书馆外的街上停下来，读着告示牌。在这个错综复杂的宫殿区中央是马萨林宫，其前身是土博夫府邸，归马萨林枢机主教所有。在十六岁的荷坦丝结婚时，马萨林将它送给了这个外甥女。我感到欣慰，这里，正是荷坦丝曾经住了七年的家。

我走过庭院，绕行图书馆入口大厅，在走道与各个阅览室之间探头探脑。我在找一个房间，但并不期望会找到。一再的翻修势必掩盖或改变了它的样貌，让人无从辨识。出乎我的意料，我竟然找到了，我立刻就凭着曾经读过的描述认出它来。这间展览厅又长又宽，挑高的天花板有着精细的彩绘。富丽堂皇的凹室形成天然的展示柜，背景被透过拱窗流泻进来的阳光点亮，枢机主教的半身雕像就在那里，高高端坐在入口大门上。我仿佛一下子跌进荷坦丝人生中那决定性的一刻，那促使她日后四处漂泊的事件发生的一刻。我满怀期待地四处张望，但身边这些勤奋好学、专注于书本的法国人显然无法分享我这份兴奋之情。

马萨林枢机主教将他的住屋送给外甥女和她的丈夫时，也留给他们无价的古典雕像收藏品。雕像经过精心挑选，安置在专为此而建造的长形展览厅里，也就是这个房间了！这批希腊和罗马的古物珍藏无疑是法国此类古物中最为重要的，也是全欧洲最伟大的一批。它们是举世无双的艺术品，代表着美学造诣的巅峰，也是古代世界的启蒙纪念碑。

然而，如同我在法兰西学院给警卫先生的说辞，荷坦丝的丈夫马萨林公爵是个疯子。他的疯狂带有一种卫道、宗教的色彩。他要年幼的女儿们将门牙全部拔掉，这样她们才不会像妈妈一样，美到红颜祸水的地步。他不允许家中女仆目睹母牛被挤奶的画面，因为他认为那样会激发淫秽的思想。没人喜欢他，就连法王路易十四也受不了。这也难怪了，他曾针对法王的不信神说教了一番，还说他是奉天使长加百列（Gabriel）之命才出言劝说。

1668 年 6 月一个温暖的夜晚，荷坦丝的丈夫走进这个房间，看了看这四百座古典雕像，当然，它们大多是裸体的。他不高兴了，不只不高兴，他还勃然大怒，叫人拿来一把铁锤，发了疯似的开始缓慢而有节奏地敲碎这些雕像，花了好一段时间才敲完。法王得知他这个亵渎的举动，派人阻止这场悲剧，但为时已晚，一批无价的古董收藏就这么毁了。

这点燃了荷坦丝离丈夫远去的导火线。不久之后，她换上男装，收拾珠宝，打包行囊，骑上马背扬长而去。她那心乱如麻的丈夫在凌晨三点吵醒路易十四，告诉他这个消息。这时，路易十四已经对这个想要教化他的无聊男子失去耐心，这位法国君主暴躁地说：“天使长加百列没警告过你吗？”

就这样，荷坦丝挥一挥衣袖，撇下她的生活。财富、特权，还有居于法国社会中心的社会地位，都被她抛诸脑后，遑论四个年幼的孩子。对于她的离开，除了种种她丈夫所造成的迫切而个人的理由，依我之见，“毁坏艺术品”的行为构成最终的导火线，真是既显而易见又恰当不过了。基于某种原因，他这次对美的破坏，虽然并非针对个人，但在她眼里，却是对这桩婚姻的最后一击。自此之后，她热切地追求丈夫意图毁坏的美和欢愉。

我在图书馆里又流连了一会儿，然后朝邻近的考柏特拱廊（Galerie Colbert）走去。那是一条美丽的十九世纪拱形长廊，或者说廊道，图书馆在这一区有间小小的书店。我一面漫步，一面也必须承认，虽然我喜欢玩味荷坦丝辉煌的投奔自由之旅，但这当然不是荷坦丝传奇的全部。

就像许多女人一样，随着年岁增长，荷坦丝的生活益发艰难。英皇查尔斯二世一死，她失去靠山，经济堪虑，丈夫持续追踪她、骚扰她。尽管仍有许多朋友与仰慕者挤满她的沙龙，她却未曾建立稳定的感情关系，她变得有点儿太过依赖酒精。纵使是像她这样永远活在当下的享乐主义者，在某一阶段也乱了方寸。她将家具全都罩上黑布，考虑前往西班牙，和她的姐姐玛莉一起进入修道院。圣·艾沃蒙侯爵写了一封长信给她，说如此极端的选择只适合愚蠢的丑女：“当（她们）一头栽进修道院里，那是受到神的启示。”他提醒荷坦丝她的有利条件：“你是被当成皇后养大的，你也值得成为皇后。”

我能想象荷坦丝对这句话点头微笑，很显然地、她天生的乐观精神再次抬头了。1696 年，年届五十一岁，时值她过世前三年，荷坦丝写信给圣·艾沃蒙侯爵，简洁地说道：“这一生我从不曾如此健康、如此美丽。”

几个小时前，在法兰西学院，穿过庭院朝位于另一边的马萨林大教堂走时，警卫先生看着我，问了一个令人不知如何回答的问题：“你为什么对荷坦丝·曼西尼有兴趣？”

我可以给他一个意料中的说辞，我可以说我很崇拜荷坦丝，虽然她实在肤浅、虚荣到无以复加，而且百分之百有勇无谋，但她很有胆量。然而，真相不完全如此。真相是荷坦丝的肤浅、虚荣和有勇无谋，正是她之所以有胆量的要素。正是这些人格特质，给了她逃跑的力量。那些深思熟虑的女人，内向的人，杞人忧天的人，或者敏感纤细的人，无法像荷坦丝那样狂野地投奔自由，而且还幸存下来，发光发热。我并非无视于她的缺点而崇拜她，我正是因她那些缺点才崇拜她。要解释这些实在太困难了，所以我笑了笑，装出一副学究模样说：“因为她是法国一位重要的女性。”他点点头，一名在法兰西学院的守卫听得懂的是这样的说辞。

现在，我真的累坏了。我从布列塔尼街朝家的方向走回去，途中买了生菜沙拉、奶酪酱、面包、红酒和一些香气四溢的草莓。回到家一面研究一张旧地图，一面独享这一顿春宴，然后倒头就睡。我梦见在彩绘天花板挑高的机场里，并列着一排排破碎的雕像，当中有个小女孩，有着一绺黑发与一双澄澈的眼睛，凝望着她的未来。

大维富餐厅[1]

巴黎是个大美女。在她身上具备所有大美女的特质：时髦、性感、气派、高傲，还有绝对的蛮横不讲理。

——弗兰·勒波维茨

[1] 大维富餐厅（Le Grand Véfour）：巴黎一家历史悠久的餐厅，于1784年开始营业，曾招待过的重要宾客包括拿破仑及其妻子约瑟芬、西蒙·波伏娃、柯莱特等。乔治·桑的指定座位，至今甚至仍留在该餐厅里。

像是一阵清新的空气，瑞秋回来了。她看起来好极了，朴素的套装和耀眼的珠宝衬托出她白皙的肌肤、钻石般的碧眼和细柔的卷发。瑞秋相当时髦，真的相当时髦。她能令人心生敬畏。她走路的姿态昂然，不闲散。她难得微笑，但常常大笑。她也是我所遇过最慷慨而体贴的人。

我们迅速地喝完一瓶香槟后，跑去一间位于转角，名叫 Chez Nenesse 的小餐厅。在瑞秋的指点下，我点了洋葱浓汤；她发誓这会是我所喝过最棒的，事实也是如此。汤很好喝，绵密、圆润、浓稠。

“我要请几天假，”瑞秋说，“和你一起寻找你的巴黎妞儿们。”

我的第一个反应是怀疑。在我认识的人中，瑞秋恐怕是最容易感到无聊的了。“可能很闷喔！”我警告她，“前几天，我花了一个早上找一个不存在的荷坦丝陵墓。这整趟追寻之旅，可能从头到尾都耗在追寻不存在的东西上面。”

“没关系，反正你会需要我，我有方向感。”

这倒是真的。

“更何况，”瑞秋继续说，“我需要休息。我的心脏跳得太快，晚上又睡不好。跟着你四处瞎晃对我有好处。如果觉得无聊，我就回家，或做一点有用的事情，比方说拿衣服去送洗或去修鞋子。”

我有点惊讶。“你厌倦巴黎了吗？对我来说，这里仿佛是世界上文明得最完美的地方。”

瑞秋不以为然地哼了一声：“文明？法国女人全部有精神官能症，每个人都服用好几种药物。还有，虽然没人运动，她们可是发了疯地在意自己的体重，她们让自己饿肚子，猛抽烟抑制食欲。”她停下来看看自己的香烟：“不像我，我抽烟是因为有烟瘾。”

我低头看看手中的面包，上面还有满汤匙融化的奶酪：“你是说我现在每天三大顿的法国菜，不会让我吃得纤细又轻盈？”

瑞秋不理我：“我听过医生叫百分之百正常的孕妇少吃一点，因为她们体重增加太多。我跟你说，她们走火入魔了。”

这实在有点令人丧气。“人们都说法国女人的日子总是过得很健全，她们漂亮，是因为饮食均衡，每年有两个月会待在海边，把钱用心投资在买好的内衣、鞋子和包包……”

“还有整形手术等等。”瑞秋嘲讽地补上一句。“你看不出来吧？因为法国女人不像美国人穿着运动裤满街跑，到处说自己有多饿，又有多常上健身房。”瑞秋捻熄香烟，“这一点，我们必须承认，是个天大的恩赐。”

“我是说，她们确实花很多钱打理自己。这也是我为什么去做指甲的原因，不做的话得不到尊重。”她举起她那双白皙的手，指尖涂成很不法国的李子色，很漂亮。

瑞秋顿了一下。“她们还有全世界最好的鞋店——罗伯特·克勒哲里。巴黎或许是一座游乐场，但它确实很美；而且，法国餐厅是最好的餐厅。”

“很好。”我说，“因为我预约了明天的午餐，在大维富。”

那天夜里，我躺在床上，金色的月光流进房间。瑞秋是对的，巴黎不是一个让人放松的城市，巴黎是一个高标准的城市。法国女人特别会打扮，但打扮得很有技巧，看似不费吹灰之力，实则不然。而且，要学会她们那一套，难得要命。妮侬说：“美丽而不优雅，犹如鱼钩没有钓饵。”她们似乎找到了优雅。

远在1804年，美国作家华盛顿·欧文[1]写信给他的兄弟：“如果法国女人不是天生丽质，那她们势必懂得彻底自我改造的艺术，根本不把自然放在眼里。而且，她们从来不会变老；你尽管盯着她们看，我保证你看到的是真的。”我能想象欧文的兄弟读着信，目光越过他们简朴的客厅，落在他们的美国黄脸婆妻子身上，为了那些青春不老的法国仙女，懊悔地轻轻叹口气。欧文满腔热情地补上一句：法国女人“让你从头到脚燃烧起来”。

有一次，我问爱伦对法国女人的看法。

“是，我很喜欢法国女人。”

“可是，不是有些人觉得她们神经紧绷，竞争心又很强？”

她看着我，脸上挂着了然于心的笑容：“她们游戏人间。你懂吗？她们很复杂，也很有趣。她们并不‘少女’。”她满意地下了结论。

[1] 华盛顿·欧文（Washington Irving，1783—1859）：美国建国初期的知名短篇小说家、散文家，霍桑、爱伦·坡等人都曾因其鼓励而致力于小说创作。代表作品有《睡谷的传说》（The Legend of Sleepy Hollow）和《瑞普·凡·温克尔》（Rip Van Winkle）等。

后来我才意会过来，爱伦用了“少女”这两个字，是一种羞辱。

我昏昏沉沉地进入梦乡，最后一个飘忽的想法是：我还蛮肯定没人会认为澳大利亚女人能让男人从头到脚燃烧起来。

今天是个天清气爽的日子，瑞秋和我脚蹬高跟鞋，指甲涂成深色，头发闪闪动人地步下出租车，沿着皇家宫殿的拱廊昂首阔步向前行，现身在大维富的镶木玻璃门前。大维富是巴黎最古老也最好的餐厅之一，从餐厅里的盛况来看就像所有要吃午餐的人都来了。我们沿着樱桃色的天鹅绒座椅间的通道前行，被带到预约的桌位，耳边不时传来满足的啧啧赞赏声，或者一大本菜单啪一声被打开的声音，还有酒瓶软木塞啵一声被拔起的声音。墙上是古典仕女图落地壁画，画中有卷曲缠绕的葡萄藤、一碗又一碗的水果。大维富被装点得不像餐厅，倒像一间私密的沙龙。

瑞秋和我一身利落套装，和这间美得荒唐又弥漫享乐氛围的房间不太搭调。我不禁觉得，我们的穿着应该要走十八世纪晚期的风格，大维富就是在那时开始营业的。当时女装崇尚性感，低胸高腰的透明薄纱长礼服，搭配露出脚踝和小腿的绑带凉鞋。发型往往是沿着脸庞烫卷的短发，一如神话中的女神。浮雕贝壳是当时的流行饰品，时髦女性让这种希腊风再次蔚为风潮，代表了她们对法国大革命的新希望。乐观主义者希望巴黎成为民主、开放、精致的新雅典。

然而巴黎没能成为高尚的雅典式民主城邦，反而退化成边远市镇。整座城是一座大熔炉，奇异地混杂着外来的贵族、佣兵、黑市商人、革命分子和投机客，急剧的通货膨胀和货币贬值为身怀外币者带来了广大的获利空间。那是一个伺机而动者的时代，政权掌握在腐败、投机的五人督政府手中，为首的是保罗·巴拉斯[1]，他的情妇是一名三十多岁、有两个孩子的寡妇，名叫罗丝·德·博阿尔内[2]。有一天，她将成为拿破仑的约瑟芬以及法国皇后。

罗丝·德·博阿尔内是个彻彻底底的女人。或许因为吃多了家乡加勒比海小岛的甘蔗，她的牙齿被蛀得乱七八糟，但软绵绵的声音、轻飘飘的步伐、翘翘的鼻子、卷卷的睫毛，让她浑身散发浓浓的女人味；事实上，她就很像这个地方，这个她常来用餐的房间。或许她就曾坐在这个位子上，啜饮着香槟。她仗着她的地位，依靠出卖军购案牟利，帮自己付清定制衣服的费用。

我们的侍者走了过来，顶着时髦发型的他隆重地低下头："女士们，要点什么前菜呢？"

[1] 保罗·巴拉斯（Paul Barras，1755—1829）：在法国第一共和时期所建立的国民公会（National Convention）遭解散后，主导政治的是由保罗·巴拉斯等五位督政所组成的督政府。

[2] 罗丝·德·博阿尔内（Rose de Beauharnais，1763—1814）：即拿破仑的约瑟芬。1779 年与亚历山大·德·博阿尔内结婚，育有一子一女。1796 年与拿破仑结婚，成为拿破仑的第一任妻子。

我们犹豫着。“呃，先来一杯香槟，然后……我们想一边用餐，一边喝香槟，一直喝到用完餐，你觉得好吗？”他认同地点头微笑。

“当然，两位女士，”他回应道，“再好不过了。能否容我推荐道依茨香槟酒呢？”

他推荐了本日套餐，我们同意了。他为我们倒了第一杯香槟，我们啜饮着。他送上第一道菜，我们吃下肚。我们享受着被动的乐趣，放心地把自己交到专家手中。

其中一道菜，我会永远记得。我认为那是一件艺术品，甚至是一门哲学。一口的西红柿雪酪、一口的西红柿慕斯和一口的西红柿派，这三口餐点精心排列在里摩[1]瓷盘上，看起来是三种颜色，尝起来是三层口感：这一口是甜的，下一口略为尖锐，最后一口留有暖呼呼的余味。每一口都展现出西红柿的不同风貌，那是一场西红柿的论述，既精巧又细致，而且，三口很快就没了。

时不时地，沿着皇家宫殿拱廊散步的路人会停下来，目光穿过蕾丝窗帘朝窗里看。我明白他们为什么想看看这个出了名的房间，因为我自己也做过一样的事情。现在，坐在里面，我试着不要朝他们看回去。

在 1795 年那令人眩晕的夏天，有更多访客沿着皇家宫殿拱廊，寻求单纯或不单纯的娱乐。当时全巴黎沉浸在一场久久不能

[1] 里摩（Limoges）：法国中西部瓷器重镇，跟中国景德镇齐名。

自已、放纵的、恐怖统治过后的狂欢派对中。断头台的暴行画下句点，狂热的罗伯斯庇尔[1]死了，人民不再需要恐惧地四下张望，取而代之的是对生命的热烈拥抱。女人们跳舞时脖子上绑着一条细细的红色缎带，象征断头之意。

在这场纵情声色的派对中，皇家宫殿是集欢愉之大成的总部。所有的咖啡馆、餐馆、戏院、娼馆、赌场人满为患，但在这群寻欢作乐的人当中，有一个寂寥的身影。他是一名不起眼的年轻士兵，名叫拿破仑，刚从乡下来到巴黎。二十六岁的他显得苍白、紧张、沉默，却已经被公认为是战场上的天才。生于科西嘉岛的拿破仑，本质上属于意大利人，顽强、排斥异己、残忍无情，十足是个意大利黑手党教子。

这个大男人性格的士兵，对于权力的获取与执行深深着迷，当他摸清巴黎督政府真正的权力源头时，自然很惊讶。他写信回家给他的哥哥约瑟夫：

到处都是女人——在为戏鼓掌的、在书店里读书的、在公园里散步的。这些可人儿甚至渗透了教授的研究室。巴黎是世上唯一该由她们为国家掌舵的地方。男人为她们疯狂，除了她们，什么也不想，只靠着她们而活，也只为了她们而活。让一个女人在巴黎待六个月，她就会知道她的王国在哪里，知道她应得

[1] 罗伯斯庇尔（1758—1794）：激进的雅各宾领导人，法国大革命时期的重要人物。送不少人上断头台，包括路易十六夫妇。

的是什么。

拿破仑邂逅罗丝·德·博阿尔内时，这个因巴黎而脱胎换骨的女子正处于人生中最美丽的时刻——优雅、不忠、有影响力、奢侈、败德，这个女子一点儿也不像拿破仑那节俭、讲求三从四德的跛扈母亲。而让她成就为一个真正的女人、赋予她身为女人根本要素的，正是她那些缺点。**她的魅力，一如蛛丝般细致。**

从他们首次共度良宵开始，拿破仑彻底被这个高雅、诱人的熟女迷倒，他霸道地擅自为她命名为约瑟芬：

我醒来，满脑子都是你，你的模样，还有昨晚的欲仙欲死，让我的感官无法安宁片刻。甜美的、无与伦比的约瑟芬，你是如此奇妙地撼动着我的心！……吻你一千遍，我的心肝；但切莫回吻我，因为你的吻将使我的血液沸腾。

我环顾这间餐厅，看来女性化的风格在巴黎仍占有特殊地位。房间另一端坐着一桌仪表堂堂的年长男士，可能是律师或法官之类的吧，他们正津津有味地大啖美食。或许这是每个月一次的餐会，他们享受着这段美好时光。看在一双来自澳大利亚的眼睛里，这一幕很是引人注目：一群有权有势的男人，选择在一种柔媚得犹如美容院的气氛里用餐。

瑞秋和我都同意，在悉尼是不会有一群男士愿意走进像这儿这么漂亮的屋内享用午餐的。周遭环境会让他们觉得男子气概尽失。我对瑞秋说："就算是男同性恋，都偏好皮革和不锈钢。"

另一桌，一位美国男士和一名比他年轻许多的女子上演着另一出剧目。他西装笔挺，她穿着休闲。她的一双长腿紧张地钩住椅脚，他专注地盯着她不停说话。她心不在焉地看着别处，拨了拨头发。我心想：多么奇怪啊，他觉得这家餐厅很浪漫，希望餐厅的魅力能够诱惑她（犹如他自己企图诱惑她一般），但她只觉得这里很老派而无聊得要疯了。

瑞秋和我相当怡然自得，沉醉在侍者轻柔奉上的美酒佳肴里，待到最后才离开，甚至比律师群逗留得更久。律师群中最年长的一位男士年迈得必须在同事的搀扶下步出餐厅，一边走，一边挥舞着他手中的饭后雪茄。待了五个小时之后，瑞秋和我终于决定起身，步履蹒跚地走进户外淡粉色的午后春光里，醺醺然地眨着眼睛。"这，"她说，"才叫作午餐。"

翌晨，我从楼下的窗户望出去，目光落在飘着细雨的人行道上。瑞秋的声音仿佛命令般从我背后传来："所以，今天我们去哪儿？"

"这个嘛，我想去找拿破仑和约瑟芬结婚的地方，顺便看看约瑟芬的小屋是不是还在那里。"

"很好，什么时候去？"

“……不过，我不确定地址喔，因为在霍斯曼男爵[1]的重新规划下，这部分的巴黎变化很大。”

我们出发了。从菲尤·杜卡维尔站（Filles du Calvaire）搭地铁到歌剧院站（Opéra），然后朝安廷路（rue d’Antin）迂回而行。在这个湿冷的日子里，这些曾是玩世不恭的花花公子和游手好闲者畅行的林荫大道显得魅力尽失、大而无当、吵闹、没有人味。瑞秋在和雨伞搏斗时，我看得出来她开始纳闷她来这里干嘛了。

安廷路就像今天的天气般阴郁、了无生气，我们一路数着数，数到曾经是市政厅的三号房子，这里现在是一家外观很普通的银行。没关系，反正当我看到告示牌时，内心依然生起一股孩子气的胜利感。那块牌子就像在欢迎着我一般：露辛达，成功了，你来对地方了。

牌子上的内容可以翻译成：

一七九六年至一九九六年

谨以此纪念拿破仑·波拿巴与约瑟芬·博阿尔内结为连理

一九九六年三月九日　拿破仑基金会

这几行白色大理石上的金字，是在当事人都过世之后，才为

[1] 霍斯曼男爵（Baron Haussmann，1809—1891）：1848 年时的塞纳 - 马恩省省长，推动都市计划，大手笔为巴黎改头换面，以现代化建设取代中世纪的都会区。

这个其实非常奇怪的事件所献上的敬意。新娘子三十三岁，一点儿也不确定这桩非她自愿的婚姻是否可行。当时，她有大把时间好好考虑这个决定，因为新郎官迟到了三个小时。当二十七岁的英雄拿破仑匆匆赶到时，他摇醒打瞌睡的注册官，这对新人就这么在两分钟内完婚，接着爬进一辆马车，前往约瑟芬在钱德宁路（rue Chantereine）租赁的小屋。在那儿，洞房花烛夜里，拿破仑送约瑟芬一条金链子，上面刻有“献给注定的姻缘”字样。约瑟芬那只吃醋的哈巴狗福庆，咬了新郎官的大腿一口。短短两天之后，拿破仑就前往意大利指挥法国军队了。

我盯着告示牌，愉快地玩味着为什么上面的日期是三月九号，而不是三月六号。根据伊凡乔林·布鲁斯的《拿破仑与约瑟芬》，这本我最爱的书，三月六日才是他们成婚的日子。为什么不一致？我纳闷地对自己笑了笑：我真是个不可思议的学者啊。然后我看了看瑞秋，她一脸无聊样。嗯，或许该继续上路了。

瑞秋掌管地图，负责带了一小段路，前往前身是钱德宁路的胜利街（rue de la Victoire）。我们来到约瑟芬的小屋所坐落的地点，也就是这对夫妻婚后的第一个住处。噢，天啊，如果安廷路令人失望，这里则更令人沮丧。这是一条破落的街道，位于六号的是一家脏脏旧旧的桑拿中心，隔壁的健身中心也好不到哪儿去，两者显然都没有任何人光顾。“你确定是这里吗？”瑞秋问。恰在此时，毛毛细雨瞬间变成倾盆大雨了。

我从被雨点打得啪哒啪哒响的雨伞底下往四处张望，希望能找到一块匾额、告示牌，或者任何能说明这里曾是约瑟芬那可爱的小屋所在地的东西。在这里，据说她什么奢侈品都有，就是没有生活必需品。这时，瑞秋在她的黑伞下，一只脚不耐烦地在地上踱着，焦躁地伸手进包包里摸香烟。这里什么有看头的东西都没有，真的，什么都没有。

但当我望着街道，过往时光清晰地从眼前滑过。一天两次，拿破仑的手下会策马至此传递讯息，证明这名年轻将军对新婚妻子的热情投入。我们那位可能是史上最伟大的军事天才，在指挥一支主力军，然而，巴黎人惊讶地发现，约瑟芬比巴拉斯更早获得前线消息。

拿破仑写信给他的妻子：

我没有一天不爱着你，没有一个夜晚不是拥你在怀中……无论埋首于公事、带领着我的部队，或者巡视营区时，惹人怜爱的约瑟芬总是盘踞我的脑海、占满我的思绪、支配着我的心……

还有：

你是学了什么绝活，能这样将我的身心彻底俘虏、将我的性格彻底收服？我最亲爱的，那是一种至死方休的献身。我的墓碑上将会写着“他为约瑟芬而活”。我挣扎着想到你身边，我渴望你在眼前，渴望得我几乎要死了，要疯了！

接下来是欲火焚身的几行字：

一个吻，吻在你心房；一个吻，低一点；一个吻，再低一点。

接着是：

我将带着满是你身影的一颗心入睡，你楚楚动人的身影啊……我等不及要向你证明我热烈的爱。若能为你宽衣解带，我将是多么幸福快乐。你那小巧、坚挺、白皙的胸部，你那惹人怜爱的脸庞，你那用克里奥尔风格的丝巾扎起来的秀发。你知道我不曾忘记那次短暂的会面，你知道的，在那片小小的、黑暗的森林里……我亲吻那次的回忆一千遍，更迫不及待要重温美好时光。和约瑟芬在一起，犹如置身人间天堂。且让我吻你的唇、你的眼睛、你的胸部，你全身上下的每一处、每一处。

初读这些信件内容，我就被吸引住了。这些句子本身、句子里激昂而直率的热情，还有她，这个激发了拿破仑如此澎湃情感的女人，都让我为之倾倒。但约瑟芬可不是个需要感情来填补空虚的现代情人，拿破仑炙热的信件送到她手里，事实上，就是我站着的这里，或这一带，她会心不在焉地搁着，稍后再读。她会深情地说声“真是个有趣的家伙”，但她常常压根就忘了要读信。

至于她写给他的信呢，不但不定期寄出，而且内容平淡、简短，惹得拿破仑发狂：“我每隔四天才收到你一封信！”一旦她忘记用“您”来尊称她的丈夫，前线又会传来更不满的哀号。

难怪粗心大意的约瑟芬会对丈夫的远距离激情不为所动，或许她正专心地与另一名俊美的年轻军官谈恋爱。拿破仑是法国的英雄，但对妻子而言，他只是个笨拙的追求者。当我们转身要离开时，我赞叹着约瑟芬漫不经心的魅力。

瑞秋和我一前一后沿着胜利街走下去，经过我们转进这条街的路口，我看到前头有一家小咖啡馆“钱德宁”，采用了旧街名当招牌。我点点头耸耸肩，就算这里什么也没有，至少我们没走错路。我正转过身向瑞秋提议到钱德宁咖啡馆，喝杯咖啡表示到此一游，举起的雨伞下露出更前方另一块招牌，那是一块脏脏旧旧的木头小招牌，上面写着“博阿尔内旅舍”。

我一时心血来潮，领着瑞秋走出雨幕，走进这家旅舍窄小黑暗的前厅。这是那种破破脏脏的食宿中心[1]，深藏着一千个穷途潦倒的旅人故事。左边的柜台有位女士坐在那儿，一手拿着电话，一手拿着香烟。她沉浸在谈话里，无视于我们的存在。大概是把我们当成投宿的住户之一了吧，我猜。

眼睛适应了周遭的昏暗之后，我们看到了惊人的一幕。女

[1] 食宿中心（boarding house）：旅人较长期投宿的地方，通常是一家人在旅途中临时租一晚、几晚或甚至几星期的房间。

房东对面巨大的镀金画框中，正是约瑟芬。那是一幅热拉尔[1]名作《皇后约瑟芬》的业余复制品，即使画工粗糙，还是难掩主角的光芒。约瑟芬一身白底金纱的礼服，黑色卷发衬着她细致的脸蛋，她朝画外凝望，整个人既娴雅又流露出皇室气息。约瑟芬的嘴巴紧抿，甚至有几分忧虑，她深色的眼眸布满恐惧。仿画者的下笔可能重了些，但仍看得出他或她对原图细部的注意。约瑟芬从不希望拿破仑当上皇帝，因为她知道接下来的发展——皇帝会休掉已经超过生产年龄的约瑟芬。约瑟芬当上皇后的那天，也将是这桩婚姻告终的开始。在这幅画像中，刚被加冕的约瑟芬正凝望着未来，而她看到的是悲哀。

画像前方是一小张桌子，罩着蕾丝桌布，桌上放着一个有些微裂痕的花瓶，插满了代表约瑟芬的玫瑰。这画与桌子的布局反映出某种私密而温柔的举动，我们着实吃了一惊。

瑞秋的绿色眼珠在一片昏暗中闪闪发光，仿佛一对猫眼。对她来说，这一趟被雨淋湿的蹩脚巴黎之旅，开始有了人性化的乐趣。突然间，过往的巴黎和现今她所居住的这座城市产生了联结。

“这是一个……”我开口道。

“我知道，这是一个……”瑞秋说。

[1] 热拉尔（Frangois Gerard，1770—1837）: 法国新古典主义的代表画家之一，当时的欧洲王室贵族及名人的肖像多出自热拉尔之手。1797 年，他着手创作以希腊神话为背景的《赛姬接受丘比特的初吻》（Psyché et l’Amour），目前收藏于巴黎卢浮宫。本文所提《皇后约瑟芬》，完成于 1801 年。

“是一个祭坛。”我们开心地悄声说道。

我仔细看了看柜台后面那个满脸疲惫、面容刚硬的女人，看起来这不可能是她为楚楚动人的约瑟芬所做的事。然而，我确定她是个约瑟芬迷。她在这个曾经居住于这条街的女人身上，发现了罕见的美丽。

我想接近这位女士，和她接触一下，聊聊那幅画像与这座感性的祭坛。但她一副不理会我们的模样，放下听筒后立刻又拿起来，用嘶哑的法语厌烦地吼叫着发号施令，所以我们离开了。

“哇噢！”瑞秋朝着潮湿的空气叹了一声。

“我懂。”我说。

如果要票选史上最受欢迎的法国皇后，约瑟芬十之八九会胜出，因为她甜美可人、惹人怜爱又备受钟爱。她有着青春洋溢的灵魂与温柔又倔强的心。三十三岁的她俘虏了一名英雄，身为皇后的她又迷倒一整个国家。她的马尔梅松城堡花园[1]成为重要的科学与园艺中心。她栽培来自新发现的澳大利亚大陆的野花。来自西澳的黑天鹅在她的湖里悠游，鸸鹋鸟在她的森林里奔跑。她的玫瑰花园被雷杜德[2]的艺术品记录了下来，也在自然史上留下一笔。拿破仑对科学与文化的兴趣众所周知，他的妻子对此贡献

[1] 马尔梅松城堡花园（Malmaison）：据传约瑟芬在马尔梅松城堡建造了一座广阔的花园，其中种植了来自世界各地的三万株玫瑰花，更是全世界第一次以人工方式培育玫瑰花，约瑟芬更延请当时著名的花卉图谱画家到这座花园绘制所有花种，集结成《玫瑰图谱》。

[2] 雷杜德（Pierre-Joseph Redouté，1759—1840）：植物学家，花卉图谱画家，法王路易十六的皇后玛丽·安托瓦内特的御用素描家，有“玫瑰画家”之称。

重大。就一个在西印度群岛落脚的贫穷法国移民之女来说，这个懒惰、爱做梦、爱躺在吊床上荡呀荡、啃甘蔗啃得牙齿都蛀掉的小女孩，长大以后的发展算是不错的了。

我们离开胜利街时，雨势开始减弱。约瑟芬的典型女性特质如今已经过时了，现代女性是实在、明确的存在体，不是虚幻、捉摸不定的创造物。然而，在她那个时代，虽然拿破仑才是战士，但约瑟芬的感情武器军械库也有相当的分量。拿破仑曾骄傲而又纳闷地说："我赢得战场的胜利……约瑟芬赢得情场的胜利。"

1809 年，拿破仑与约瑟芬举行正式公开的离婚典礼。约瑟芬直到最后一刻都把持住她那著名的、优雅的尊贵姿态，她的准前夫却当众垂泪，哽咽着说：**"只有天知道这个决定从我心头割下了什么……"**

交际花

我们也应要记得，在十八世纪，人们不会用现今我们这个沉闷时代漠然否定的态度，去看待欢愉。

——南西·米特福德

许多国家都有一栋元首建筑，象征着国家的主权与势力。华盛顿有白宫，伦敦有唐宁街十号，在澳大利亚，远不如这两处那么宏伟的，是位于堪培拉的总理府；而在巴黎，当然就是坐落在马瑞尼大道（Avenue de Marigny）转角，富博圣欧诺黑路（rue du Faubourg Saint-Honoré）五十五号至五十七号的爱丽舍宫（Palais de l'Élysée），这里是法国总统官邸。

但当我站在对街，望着爱丽舍宫整齐肃穆的警卫和高耸的大门，心里想的不是这个地方的壮观，而是它的可爱。总统住在一栋曾经归一名交际花所有，并且由她装潢布置的屋子里——这真是典型的法国性格。这个交际花就是著名的蓬巴杜夫人，法王路易十五的情妇，那个时代最有才情的女人。

这栋房子**纯粹是为了爱与欢愉而设计**。我确定世界上只有法国这个国家允许一个这么女性化、浪漫，而且——让我们承认吧，堕落的地方，去玷污国家主权的重要地位。至少，在美国或者澳大利亚，就永远不可能发生这种事。但这并不代表每个法国人都能接受，1959年，戴高乐将军二度被选为总统时，他拒绝入住爱丽舍宫，显然他觉得天花板上罗曼蒂克的壁画一点儿也没有元首府邸应有的气派，更别提总统办公室里的小天使画像了。

我愿付出一切以求参观爱丽舍宫，但它当然是不对外开放的，而且戒备森严。有时候，我会在电视上看到希拉克总统和其他世界领袖；这些大人物在镜头前摆姿势，笨重的身躯别扭地窝在蓬巴杜夫人精致典雅的沙发里。

南西·米特福德于1953年出版了关于蓬巴杜夫人的传记，她用亲密而充满感情的笔触描写蓬巴杜夫人，让我感觉仿佛我也认识她。尽管有评论家说南西·米特福德完全凭自己的想象塑造蓬巴杜夫人，但这或许说明了我对这位传记作者及其传记主角两人的强烈情感。写完传记时，南西·米特福德去信给伊夫林·沃[1]：“我失去了我可怜的贵夫人……我严重地思念着她，将近一年来，她始终陪伴着我啊！”

这位“可怜的贵夫人”，就在这栋屋子里举办了生平最后一场派对，而后于1764年，因肺结核死于凡尔赛宫，享年四十五岁。她的精神不只优雅地长留在这栋美好的屋子里，更镇守着这个区域。我默默地对夫人致敬，准备出发去全世界最可爱的街道之一上漫步：富博圣欧诺黑路是一条以女性特质为基调的街道。

蓬巴杜夫人喜爱美好的事物，从音乐、思想、服饰、绘画到居家用品皆如此。她是一个有才情、开明的中产阶级巴黎人，若非命运作祟，她肯定会成为一名沙龙主人。当她还是个小女孩的时候，算命师说她将成为国王的挚爱。她的家人揶揄地为她取了“蕾妮特”[2]这个外号，不料预言成真。法王路易十五爱上了这名迷人的中产阶级女子，把她带进凡尔赛宫，一起实现共同的热情——优雅生活的艺术。

[1] 伊夫林·沃（Evelyn Waugh，1903—1966）：英国作家，其作品《一掬尘土》（A handful of Dust）入选二十世纪百大英文小说。
[2] 蕾妮特（Reinette）：法王路易十四的情妇。

蓬巴杜夫人成为她那个时代的潮流开创者，当时或许是史上唯一一个由一名年轻女性引领主要艺术运动的时代。洛可可风（rococo）毫不害臊地以女性特质为基调，比方布歇[1]笔下白里透着玫瑰红的胸部与臀部，轻盈、华美、毫不客气地极尽装饰之能事。这不是什么辉煌伟大的艺术，却迷人而居家，将艺术体现到日常生活的细节当中。

蓬巴杜夫人死后百年，身为记者与评论家的龚古尔兄弟[2]，如此描述那个时代：

> 继路易十四之后，路易十五接任，社会从拘泥于礼节脱胎换骨成为欢快多情。这个新生的宫廷里，氛围更加人性化，对人与事的高标准降低了，主流艺术理念仍旧虚假造作、墨守成规，但已经从雄伟威严转为迷人娇美。精致典雅的风格所向披靡，那是一种细腻的性感，被那个时代的人们界定为“心悦神怡的要素，优雅迷人的样貌，爱与欢愉的装饰”。

史上最伟大的情妇蓬巴杜夫人，专擅创造“欢愉的装饰”。你若曾欣赏切割完美的香水瓶、精美的金色珠宝盒、晶莹剔透但脆弱易碎的花瓶，你就是在享受着蓬巴杜夫人的美学传奇。她的

[1] 布歇（Frangois Boucher，1703—1770）：法国画家，风格花哨浮华，典型的洛可可装饰画家，曾为蓬巴杜夫人等宫廷人士绘制肖像。

[2] 龚古尔兄弟：指埃德蒙·德·龚古尔（Edmond de Goncourt）和茹尔·德·龚古尔（Jules de Goncourt）两兄弟，法国自然主义作家。

个人收藏令人叹为观止——雕金鼻烟壶、盖子饰有宝石的水晶香水瓶、音乐钟、精致的茶杯、漆面桌板、立体瓷花交错缠绕的黄金烛台、青花金彩餐盘。布歇画过一幅素颜的蓬巴杜夫人，正坐在梳妆台前化妆，罩着一件有粉红色蝴蝶结的披肩，头上插一朵蓝色小花，手里是金色的粉底盒，桌上是她的金色珠宝盒和粉扑，手腕上绑着刻有爱人路易十五的贝壳浮雕腕带。你会发现，眼前这位是个**深知魅力尽在细节里的女人**。

蓬巴杜夫人一手创造了法国人对日常之美的崇拜，难怪今日的法国是举世最大的日常奢华物品制造者与贩卖者，那些迷人小物让女人觉得特别。透过美化日常生活当中甜美的小细节，蓬巴杜夫人将“生活的艺术”流传了下来。

今天凉爽多云，是个适合春日散步的天气。我顺着富博圣欧诺黑路迂回前行，不时在街道两旁跑来跑去，好尽情遍览精致的橱窗摆设。每一转身，都会冒出一个令人惊艳的橱窗，这也让我好好地运动了一番。安霓可香水专卖店、娇兰美容沙龙、奢华的爱马仕精品店、时尚大师圣罗兰女装，遮雨棚上的名字诉说着一则又一则技艺与魅力的故事……

其中一间商店让我停下脚步，这是一家只有在法国巴黎才看得到的那种点心铺。这儿有入口即化的水果糖、浓郁的金黄色糖渍杏桃、坚果冰激凌，每样东西都闪闪发亮、美味诱人，连包装盒看起来都很可口。乐趣就从这里开始，先是期待，接着是每一种点心特有的香味，最后心满意足地吃上一口。不过，你也要有所节制，不能吃得太多，或者太常吃，否则很快就会腻得不得了。它们带来的享受或许简单，但代表了以最大的努力与用心所创造出来的繁复体验。

蓬巴杜夫人培植了法国工艺，她复兴哥白林家族[1]的地毯和家具工厂，重振其声誉以及收益。著名的赛佛尔瓷器工厂[2]在她的辅助下成立。有一回，她布置了一个温室花园，里头摆放洒了香水的瓷花，她的爱人国王上了这个当，弯身去闻瓷花，惹得她哈哈大笑。

蓬巴杜夫人并非不曾遭人非议。哲学家卢梭（就是提出“高贵野蛮人”概念的那位）就曾强烈抨击洛可可艺术及其所代表的文明。“这批昙花一现的作品，”他怒斥，“每天不断冒出来，只是用来取悦女人，既没有力量，也没有深度，从上不了台面的梳妆台轻轻松松跃上画廊里的结账柜台。”

然而，这些昙花一现的作品与启蒙精神并不冲突，而是反映了它的进程。理性、学习、容忍、幽默等价值与美德，和蓬巴杜夫人的美学观点密不可分。法国大革命反讽的地方之一，就是革命性格正是在法国贵族阶层中培养而起并开花结果的。蓬巴杜夫

[1] 哥白林家族（Gobelins）：十五世纪时崛起于巴黎，擅长以棉线、羊毛为经纬的织锦画，内容以描绘宗教及贵族生活为主，许多织锦画的画稿由当时知名的画家如拉斐尔等人绘制而成。

[2] 赛佛尔瓷器工厂：原本是两名意大利工匠于1740年在巴黎郊区的万塞讷（Vincennes）所成立的私人瓷器工厂，后来，因为受到路易十五与蓬巴杜夫人的喜爱，工厂于1756年搬迁至巴黎西南方郊区赛佛尔，其瓷器工艺表现出强烈的洛可可风，持续获得法国王室及国家的支持。但因不堪皇室大量需求而面临财务危机，为拯救赛佛尔工厂，路易十五于1759年买下工厂，成为官方所有。

人拥有两副望远镜和一个地球仪，可能也有一架显微镜。她的藏书超过三千册，除科学期刊外，范围从诗、历史、地理、小说到哲学皆有。哲学家魁奈[1]是她的医生，她也持续支持启蒙运动中最伟大的头号人物——伏尔泰。据说，百科全书中的“胭脂”这一条目正是由蓬巴杜夫人写下的。一般认为，路易一五是在蓬巴杜夫人的卧房中将地图展开，规划出七年战争[2]的路径；史评家说，她用她的美人痣标出关键战事。

卢梭和其他人看待洛可可艺术时，纯粹只从宫廷的铺张所造成的堕落与绝望出发。狄德罗[3]尤其对蓬巴杜夫人最爱的艺术家深恶痛绝，他训斥道：“布歇的高贵典雅、矫揉造作、罗曼蒂克的英雄气概、卖弄风骚、灵巧流畅、变化多端、富丽堂皇、白里透红的肤色和纵情酒色，能够俘获花花公子、交际花、年轻小伙子、凡夫俗子，以及那群不识品位、真理、端正思考和艺术之庄重的人。”

我喜欢玩味“艺术之庄重”这个说法。当然，这样的说法绝对成立，但我总是偏好艺术的轻佻。然而，就法国人别具灵巧流畅、变化多端、富丽堂皇的天赋这一点而言，狄德罗是对的。不

[1] 魁奈（François Quesnay，1694—1774）：本业为医生，担任路易十五的御医期间，对经济学产生兴趣，并于 1758 年出版《经济表》（Tableau économique）一书。

[2] 七年战争（Seven Years War）：1756 年至 1763 年期间，为争夺殖民地，欧洲两大军事同盟即英国—普鲁士与法国—奥地利—俄国之间爆发的战争。

[3] 狄德罗（Denis Diderot，1713—1784）：法国启蒙思想家、哲学家，毕生最大成就之一是主编了法国的《百科全书》（Encyclopedie）。

论谁走在这条街上，都会对法国人贩卖美的才能印象深刻。

蓬巴杜夫人本身即是形象塑造与再造的高手。这名迷人情妇早期的画像，画的是她在梳妆打扮或在树荫下乘凉，晚期则有所不同。卢浮宫有一幅拉图尔[1]画的蓬巴杜夫人，她穿着有图案的丝绸裙装，背景里有地球仪和中提琴、一册册的百科全书、建筑草图和书信。她是一个坐三望四的女人，有教养，有影响力，虽然画面中还是呈现出她美丽的脚踝。一样是在卢浮宫，《蓬巴杜夫人情谊恒久远》这尊毕加尔[2]的雕刻佳作，将她刻画成神话般的圣女，也许是女神缪斯，或是神殿里的女祭司。这尊雕像宣告了她和国王今非昔比但仍旧密切的情谊，她从他挚爱的情妇，转变为同伴、指导者和亲信。她为自己塑造形象，并且定期重塑或更新。用现代的说法，这叫作“转型”。瞧，从富博圣欧诺黑路转进圣欧诺黑路之后，眼前是古驰、爱马仕和迪奥，一个个都忙着更新它们的形象，强化品牌的价值。

现在我经过的是巴黎最时髦的新店家之一，圣欧诺黑路231号的“柯蕾”(Colette)。这是一家现代风格的精品复合名店，专营 style design art food——时尚设计艺术美食。柯蕾代表了所有美好物品及其购买者的渴望。这里的一切都是轻盈、清新、明亮

[1] 拉图尔（Maurice Quentin de La Tour，1704—1788）: 法国洛可可画风的代表画家，以绘制路易十五、蓬巴杜夫人而闻名于世。

[2] 毕加尔（Jean-Baptiste Pigalle，1714—1785）: 法国洛可可风格的雕刻家，作品风格多变。文中提及的《蓬巴杜夫人情谊恒久远》（Madame de Pompadour en amitié）为其于1753年完成的作品。

的。我走下楼，误入位于地下室的不锈钢咖啡馆，不好意思转头就走，只得坐下来点了一杯我不喝的牛奶咖啡。我不怎么喜欢这里，悉尼有许多像这样的场所。反正，我就是比较喜欢老派的地方。

但还是很值得到此一游。一帧现代性感女神碧姬·芭铎[1]抽着烟的照片，魅惑着所有的侍者。她那一头浓密的蜂蜜色头发飘荡着，紧身牛仔裤里裹着一双长腿，身上罩着一件小小的粉红色针织毛衣，足蹬粉红色低细跟淑女便鞋。她的皮肤和眼睛、她的光彩和色泽也把我给迷惑了，她在这个房间绝对占有支配地位。有趣的是，这不但没将我身为女性的特质比下去，反而还为我又多加几分。她公然显露出所有女人共有的一种力量。

我速速离去，离开圣欧诺黑路，往右一转，溜进皇家街（rue Royale）十六号的拉杜蕾（Ladurée）茶馆柔和的光线底下。我喝着茶，配着马卡龙（macaroon）杏仁饼，心情愉快地叹了口气，这还差不多。在这个漆成淡绿色的漂亮房间旦，身边坐着几位纯真的法国老太太，带着她们没了牙齿的狗。我静静地坐了一会儿，发呆出神，想着刚刚看到的美丽丝巾，衡量着我能否将花这么多钱买一小块布的行为合理化。陶然忘我的恍惚间，惊觉沉溺在街道与橱窗之美的我，竟已错过了两栋我最想看的建筑了。

[1] 碧姬·芭铎（Brigitte Bardot，1934—　）：出生于巴黎的电影女明星，素有“性感野猫”之称。

富博圣欧诺黑路四十一号是美国大使馆官邸，这里无疑曾住过许多可敬的外交官，但我只对其中一位感兴趣，她是帕梅拉·哈里曼（Pamela Harriman），任期从 1993 年 5 月起到 1997 年过世止。帕梅拉靠着简单的平衡法则过活，她会讨男人的欢心，男人们也给她对等的回馈。她是英国贵族的女儿，与英国首相丘吉尔的独子伦道夫·丘吉尔成婚，二次大战期间跟随公公学习政治与权力，此时她和美国总统罗斯福的私人特使艾弗瑞·哈里曼发生外遇。战后，婚姻告终，她漂泊至巴黎，成为一名二十世纪的交际花。她的情人包括了联合国大使阿利韩、希腊船业巨子史塔沃斯·尼亚科斯、法国银行家罗斯柴尔德男爵、菲亚特集团总裁阿涅利。最后，她找到了第二任老公美国演艺经理人、制片家海沃德。海沃德过世后，她和旧爱艾弗瑞·哈里曼重修旧好，哈里曼过世后为她留下可观的财产。

帕梅拉是一只变色龙，她的情人要什么，她就变成什么。阿涅利要她性感高贵，她就从头到脚都做时尚打扮。她学得那么孜孜不倦，当老朋友听到她电话中伪装的意大利口音时都不禁窃笑，她会强调“r”的音，把 pronto 念成 prrrronto。罗斯柴尔德喜欢女人在床上安安静静，醒来就可以看到她一副甜美可人的模样。他喜欢优雅、有教养的女人，帕梅拉就严格要求自己研习古董知识与十九世纪艺术。她和娱乐圈的演艺经理人海沃德结婚后，访客讶异地看到她扮演家庭主妇的角色，不只送来拖鞋，还轻轻地为丈夫套在脚上。她陪着海沃德跑遍各地担任选角评审，行李中带着一个电子炒菜锅，这样她才能在表演结束后为他火速炒出一道他最爱的烩鸡丁。为了艾弗瑞·哈里曼，她又摇身一变为高贵、热衷慈善事业、和蔼可亲的官夫人楷模。

要让自己对男人这么具有吸引力，肯定要下一番功夫，严格地锻炼自己能切中他们的弱点，迎合他们的喜好，在他们讲笑话时赔笑脸，他们总会回到妻子身边，此时又要能够不在乎这样的伤痛与屈辱。美国人总是讪笑帕梅拉（他们讥她为“走运的寡妇”），英国人瞧不起她，只有法国人颇为欣赏这种仿佛回到早前沙龙时代的复古。他们欣赏这位交际花的技能、艺术和自我锻炼。就像所有伟大的艺术家，她让费力的工作看来如此轻松。

变成有钱有势的寡妇之后，帕梅拉跑去拉皮，穿上笔挺的大垫肩套装，拿出她变色龙的看家本领，扮演起外交大使的角色。自然地，她极欲掩饰过去，亦即她并未完成索邦大学的学业一事。真希望我仔细看过这大使馆——帕梅拉得以入主前身为罗斯柴尔德宅邸的大使馆，她想必为此而窃喜吧。多年前，罗斯柴尔德拒绝娶她所造成的心灵创伤，如今可说得到抚慰了。

我担任澳大利亚驻巴黎外交官员时，有一回，我的朋友爱伦到美国大使馆参加圣诞派对，她通过安全入口时，瞥见警卫正在检查一个装满各式各样香水和香槟的箱子，那是法国总统密特朗要送给哈里曼大使的圣诞礼物。走到生命的尽头之际，终于轮到帕梅拉被献殷勤了。

另一栋我错身而过的房子是富博圣欧诺黑路三十九号，前身是沙罗斯特府邸（Hôtel de Charost），现在是英国大使馆。这房子在过去归拿破仑最爱的妹妹宝琳·波拿巴特（Pauline Bonaparte）所有，她在1803年买下它。后来成为奥地利首相的梅特涅（Metternich）形容宝琳“美得难以置信，她爱恋着自己，唯一的志向就是追求欢愉”。对宝琳而言，欢愉也来自她对自身外貌的迷恋。她曾委托雕刻家卡诺瓦[1]以白色大理石为她打造一座真人比例的裸体雕像，她那窘迫的丈夫立刻匆忙地将这杰作从法国送进意大利的一处地下室里。宝琳的自恋有家族遗传的迹象，她仰慕哥哥拿破仑，他的荣耀让她倍增光彩。当时势转而对拿破仑不利时，宝琳褪尽虚荣，展现出身为妹妹的美德。她无私忘我地陪伴拿破仑流亡至厄尔巴岛，在他垮台之后卖掉自己的珠宝和房子好资助他。纵使他在圣赫勒拿岛辞世之时，她仍试着为他改善生活条件。虽然终其一生，宝琳“唯一的志向就是追求欢愉”，但到了最后，她将追求欢愉的热情化为对哥哥的支持行动却令人钦佩。

和这些老太太一块儿坐在茶馆里时，我想着蓬巴杜夫人、帕梅拉·哈里曼和宝琳·波拿巴特，也想着欢愉以及我们为了给人欢愉或得到欢愉所付出的代价。南西·米特福德将欢愉视为一种品德的表现，在她成千上万的书信中，她不曾着墨于孤寂或生病的时刻。她认为这样的自我耽溺只会为收信人带来不愉快。女人的

[1] 卡诺瓦（Antonio Canova，1757—1822）：意大利新古典主义雕刻家，最著名的雕刻作品之一为《丘比特与普赛克》（Cupid and Psyche），目前为卢浮宫所收藏。

魅力以及为了保有那份魅力所付出的努力，也是她必要的社会贡献之一。南西·米特福德欣赏蓬巴杜夫人将欢愉带给他人，也欣赏她留给后世无与伦比的美的遗产。

南西·米特福德是沙罗斯特府邸继承人英国大使达夫·库柏及其夫人黛安娜·库柏的密友。身为特立独行的贵族，这对夫妻创造了一个二次大战后的黄金时代。他们办的派对有如一则传奇——单单为了一场派对，他们专程进口一千朵红玫瑰。英国时尚摄影大师塞西尔·比顿（Cecil Beaton）、艺术工作者让·谷克多（Jean Cocteau）、音乐工作者诺埃尔·科沃德（Noel Coward），当然，还有南西·米特福德，都是他们的常客。黛安娜曾为查尔斯·瑞奇规划了一个“查尔斯·瑞奇周”，因为这位加拿大底层外交人员抱怨，除非谈论的是重大要事，否则没人会注意听他说话。在专为他而设的一周，只要他一出现，就有乐队奏起一首特地为他谱写的曲子。南西·米特福德在五百个气球上写着“别忘了瑞奇”。这五百个气球，从大使馆庭院随着明信片被飘放到空中，明信片上则请拿到的人将他们的祝福寄回来给瑞奇。有些明信片从东欧被寄了回来，还有一张远从挪威送回。

达夫和黛安娜深爱彼此，从不禁止对方享有属于自己的欢愉。在某个阶段，达夫的情人法国作家路易丝·德·帆莫琳（南西·米特福德以她为蓝本，写出《恩赐》里的查尔斯 - 艾杜奥德那位“令人心荡神驰的老情妇”安柏婷）搬进大使馆，与这对夫妻同住。达夫背叛路易丝时，黛安娜激烈地抗议。黛安娜是那个年代的大美人，不时收到被迷得晕头转向的富豪送来的奢侈礼物，其中一件由某位企业家仰慕者致赠的貂皮大衣，被她满不在乎地戏称为“羞耻之衣”。每当达夫和黛安娜分隔两地，两人会每天互写动人情书。达夫死时，黛安娜几近崩溃。

黛安娜和达夫两人生活共同的特色，是对欢愉不羁的追求。但他们活在一个严肃的时代，他们出名的轻佻行径被认为有那么点儿伤风败俗。我们今日面临的则是截然不同的问题。这个时代鼓励满足自我，我们不停地被驱策去做任何我们想做的事情。广告标语大声疾呼“Just do it”，更有甚者，我们被声称知道我们要什么、什么能带给我们快乐的广告轰炸——就是这辆车！这件衣服！这种生活！

但在我看来，自我满足的时代似乎不等同于欢愉的时代。有时我们很难在令人眼花缭乱的选项中，判断或选定哪个才是真正带给我们喜悦的。或许快乐的秘诀之一，即在于明辨如何抉择。

对于巴黎所能带来的欢愉，伊迪丝·华顿有一段精彩的描述：

她的感官尽情享受着种种物质的细节：熙来攘往的汽车、美轮美奂的商店、创新与大胆的女装、流动鲜花摊贩推车里成堆的色彩、水果店橱窗里一大片令人垂涎欲滴的瓜果、透明玻璃板后方点心师傅做出的小蛋糕斑斓的色彩，一切的一切，都是不知疲倦为何物的巴黎街道擦出的火花与多样化的表现。

这段描述为我总结了巴黎之乐的复杂与巧妙，同时带我们贴近一个知道给予与获得欢愉的艺术尽在精心关注细节的女人——蓬巴杜夫人。

1764 年，蓬巴杜夫人死于寒冷的一月天，她的遗体从凡尔赛宫被运走。国王站在阳台上，为失去这个可爱的朋友而哭泣。

走回玛黑区途中，我想起戴高乐总统对于居住在蓬巴杜夫人旧居的怨言。他说：“真的，我应该去住卢浮宫，第八区不是一个开创历史的地方。”

不过，话说回来，当然，他是个男人。

之后，躺在瑞秋家那张白色床铺上，我回味着在巴黎一天所强烈感受到的乐趣。我不会糊里糊涂地幻想要在此定居。首先，撇开别的不谈，我是澳大利亚公民，澳大利亚是我在这世界上所属之处，在那里发生的事情，至少有部分是我必须负责的。但在这里，在巴黎，我知道我可以放松下来，因为这里发生的事情，都不会是我的责任。在这里，我卸下公民的职务，放我的假。

美国人对法国总是推崇备至，他们欣赏这个对抗现代化丑陋面的壁垒。在美国，美与理性必须与好莱坞、心理治疗、整容手术、消费主义、脱口秀挑起的情绪等乏味的诱因相抗衡。王尔德的《美少年格雷的画像》中有这样一幕：“他们说，好的美国人死了之后去巴黎。”托马斯公爵轻笑道。“是吗？那坏的美国人死了以后去哪里？”公爵夫人问。“去美国。”亨利爵士咕哝道。就此而言，巴黎是反美国的。

整体而言，澳大利亚人并不推崇巴黎。当澳大利亚人形容你是个“哈法族”，那通常代表一种指责。这个词本身就富有各种含意。

在悉尼的某些圈子里，哈法族被定义成：一个不可取的家伙，爱买有关在普罗旺斯整修房子的浮夸书籍，乱花钱买法制厨具。

在堪培拉的外交政策圈，哈法族的定义是：一个不可取的家伙，与澳大利亚的亚洲策略方向不一致。

左翼的定义是：一个不可取的家伙，无视于法国在南太平洋进行核试爆的邪恶历史。

右翼的定义是：一个叛国贼，无视于法国拒绝对澳大利亚农产品开放市场的可耻行径。

如果我说“我不爱法国，只爱巴黎”，那是没有意义的，这只会加重我的罪行，表示我堕落到一个无可救药的地步。（喔，只爱巴黎啊？）

有些澳大利亚人借由佯装他们对巴黎的感情是一种诙谐反讽的后现代式情感，好规避他们难为情的小秘密。但我没办法假装，我厚脸皮地被巴黎取悦，甘心被巴黎俘获。

巴黎让我觉得比较好过些。

沙龙

……筹备沙龙就像做一道舒芙蕾[1]，需要无微不至的悉心照料。

——伊迪丝·华顿

[1] 舒芙蕾（Soufflé）：源自法国的甜点，主要材料包括蛋黄及打匀后的蛋白，烘焙后质地轻软蓬松。

我最热衷的仪式之一，是在丽弗里街的 WH 史密斯书店里浏览书籍和杂志，而后在安吉莉娜点心铺附近的茶馆喝下午茶。

今天下午，一如往常，茶馆主厅里满是观光客、老太太、情侣们、穿着浅色风衣的优雅英国女士，还有仪容整洁的法国女士陪着她们的婆婆一起来。茶馆里的房间很大，有着挑高的天花板，房里漆了颜色，很美，也很私密。我一手端着香气四溢的茶，另一手是本刚买的新书。周围嗡嗡的交谈声织成一张轻柔的声音之毯，无形地笼罩在我周围。

我总向往能主持一个沙龙，或甚至只是出席其中，让自己成为沙龙文化的一部分。单单“沙龙”一词就暗示了一种既典雅又知性的生活，而典雅与知性的结合正是我的理想。我曾认为资金不足或社会地位不高是我实现沙龙主人梦的障碍（对，没错，从塞利丘一个臭气熏天的大学生分租住屋开始成年生活，对我的沙龙之梦没有帮助），但透过些许的阅读经验，我很快就知道，即便是那些特权人士也觉得经营沙龙很辛苦。正如一丝不苟的伊迪丝·华顿所言：“需要无微不至的悉心照料。”单靠决心是不够的，还需要机缘巧合，需要某种神奇的力量，将对的人在对的时间带到对的地方，让他们擦出火花、施展才华。

当然，理论上，沙龙只是一小群人仿佛举行仪式般聚在一起谈话。史上第一位沙龙主人是朗布耶夫人，她在十七世纪初，就是为了谈话这个目的，盖了她那栋迷人的房子。房子位于现今巴黎的古物中心“卢浮古董大楼”（le Louvre des Antiquaires）所在地，离此地不远，就在丽弗里街上、卢浮宫对面。

但实际上，伟大的沙龙是很罕见的。即使在纽约与伦敦，人们依旧谈论着“沙龙”，但沙龙作为高等艺术的概念似乎已经彻底丧失了。

沙龙最重要的决定性原则，在于这里是**熟女的政治与社会领域**。她们的影响力缘于个人独特的性格，而非取决于她们所号召的人数多寡。得以参与某些十九世纪末法国沙龙活动的伊迪丝·华顿认为，理想的人数比例是每二十位男性贵宾对五位敏锐而熟谙世事的女性贵宾。伏尔泰曾以赞赏的口吻形容沙龙女主人是“老去的年华因苏醒的智慧而闪耀的女人”。

或许因为熟女对光线所起的作用较为敏感，沙龙聚会遂成为日落后的仪式。宾客们在谈话间被烛光、闪耀的炉火，以及透过狭长的窗户洒进来的苍白月光所包围。南西·米特福德曾想象热切的法国绅士“迫不及待要和慧黠而贴心的女主人整晚促膝长谈”。

伊迪丝·华顿认为，沙龙风格不可或缺的特征，就是她所谓的“全体对谈”——每个人都有参与感的交谈。没有什么比永无止境的长篇大论更扫兴的了，自顾自地剖白更糟糕。某次晚餐，一个自说自话（美国人最爱来这套）的美国朋友让华顿女士倍感窘迫。她无聊且难堪得坐立不安，他浑然不觉这种单向对话的风格对他的法国女主人来说十分无礼。南西·米特福德曾说明，如果沙龙女主人亲自送你到前门，绝对错不了，她在默默地表示下次不欢迎你再来了。

相对而言，好的沙龙客人懂得细心地调整自己的社交价值——胸无点墨的人要把发言时间让给满腹珠玑的宾客。许多女主人会让她们的头号贵宾——通常是一位作家或艺术家，至少在表面上居于人群中心，其他人则听他畅谈。作家费利赛特·德·俊利斯（Felicite de Genlis）是十八世纪沙龙文化全盛期的一位沙龙主人，他曾说："如果想在这个世界上成功，那么当你进入一间沙龙时，一定要能将自己的虚荣收起，而向别人的虚荣鞠躬。"

一个对沙龙常见的误解是美酒佳肴能保证席间宾客妙语如珠，尽展机锋。我可以举出一箩筐自己办过的聚餐为例，作为这种说法不正确的明证。**"她想创办一个沙龙，结果只成功开了一间餐厅。"**王尔德点出筹办沙龙所牵涉的重大社交风险。事实上，某些出名的巴黎沙龙女主人，对提供餐点极其吝啬。在十八世纪，乔佛宏夫人[1]提供的是煎蛋卷；在十九世纪，玛蒂尔德公主[2]提供的食物之恐怖，会让她的作家宾客在古赛勒街令人发毛的豪华场地中把餐点囫囵吞完后，拔腿赶往香榭丽舍大道的巴洛瓦夫人家；巴洛瓦夫人是另一位交际花，会在夸大炫耀的低俗氛

[1] 乔佛宏夫人（Madame Geoffrin，1699—1777）：十八世纪知名的文化沙龙主人。曾邀请许多当时重要的哲学家参加她所举办的沙龙，对于启蒙运动有重要的影响。

[2] 玛蒂尔德公主（Princesse Mathilde，1820—1904）：拿破仑的侄女，在佛罗伦萨与罗马度过童年及少女时期，而后移居巴黎。

围中提供高级的食物。斯坦和托克勒斯[1]著名的周六晚宴也相当俭朴。托克勒斯是一个了不起的厨师，但也只简单地提供茶给伟大的艺术家和他们长期受苦的妻子。

对伊迪丝·华顿而言，沙龙代表了法国集都会、欢乐与知性于一身的最佳面。别的不谈，沙龙即代表了女性有识之士的胜利。

著名的法国“沙龙”，现代社会所知最好的谈话与脑力激荡学校，基础信念是世上最能激出火花的谈话来自经常会面的男女有识之士，经常性的会面使他们平起平坐，并建立起轻松自在的友谊。想想看，这样一群女子能为一个国家的智性生活贡献何等资产！在法国，彼时与此时的她们皆不囿于上流阶层或时尚圈，只要一个女人拥有自己的个性，社会环境就允许她发光发热。

伊迪丝·华顿说沙龙与会者并不局限于某些小众阶级，我很怀疑此言的正确性，因为这些人本质上都是精英分子。但拥有财富和地位的确不够，你得对谈话做出特殊贡献，才能在沙龙中达到及格标准。

我老早就放弃了当个沙龙女主人的梦想，回顾过往，我似乎

[1] 托克勒斯（Alice B. Toklas，1877—1967）：十九世纪作家，1907 年到法国后与斯坦结识并合办沙龙，与许多当时知名的文艺界人士往来，如海明威、毕加索等人。一直到 1946 年斯坦过世前，两人都是一对相爱的恋人。

费了一番工夫想找到类似的志向。为了追求优质对话，我曾有过奇特的经验，在澳大利亚广播公司的工作即是其一。大学时，我在该公司半工半读担任研究助理，之后短暂参与了国际事务计划。想象中，那里的男男女女都有着高尚的意图，他们会谨慎地透析真相，无私地传达给大众。虽然我的确接触到一些这样的人，但多半碰上的都是顶着上世纪七十年代的发型、喋喋不休地自吹自擂、怀有性别歧视的迂腐大男人。在澳大利亚广播公司高尔丘总部的走道上，现代社会似乎是个遥不可及的地方。

我在 1987 年被录取进入外交经贸部，这是一个标示我职业生涯起点的里程碑。在堪培拉那栋宏伟的旧大楼里，新进职员受训的第一天，我们的讲师之一是一位前任驻斐济高级专员。即使已经卸任，他仍旧穿着一身浅绿色的狩猎装，脖子上挂着一颗鲨鱼牙。我当下受到震撼，但并未打退堂鼓。第二天，我们的训练课程主题包括了“外交晚宴：如何款待不速之客”以及“应对法则：当澳大利亚人将他们令人火冒三丈的亲戚送到你那里”。嗯，当然，我最终还是侥幸听到了一些严肃的对话，虽然不如预期般的频繁。

在我加入副总理办公室负责国际事务相关工作之后，情况好多了，这才像一回事儿。我为副总理撰写简报讲稿，出席他的会议，我在权力的走道上蹑手蹑脚地走着，得以听到真正高水平的对话。在我任职于副总理办公室期间，第一次海湾战争等事件爆发，重大事件迫在眉睫，国家利益危在旦夕，而我，扮演着我小小的角色。

为副总理工作是我这一生最富智性的精彩时光，就很多方面而言都令我赞叹。但话说回来，男女之间脑力激荡、平起平坐的对谈，通常不是工党的强项。

至于管理顾问那份工作嘛……不消说，正是我为什么在这里的原因。

哲学家休谟（D. Hume）是十八世纪认为法国很“可爱”的启蒙时代苏格兰人之一，他兴味盎然地体会着英法两国看待女人与社会关系的差异。在英国，夜一深，女士们往往优雅告退，将空间留给男士抽雪茄、喝红酒、谈政治。相形之下，在法国，生活中的任何场景里，男人女人双双融入其中。女人被认为是塑造美好社会不可或缺的一分子。男女同样地被期望该达到能与人对谈的标准：要熟悉当代的伟大思想、议题与艺术，并且能够与人讨论，而讨论时必须谈吐机智、饶富内涵。

休谟相当了解法国女人，因为他很幸运地得以参与所有沙龙中最伟大的一个。从某些方面来说，德梵夫人[1]实在不像会成为沙龙女主人的人。她和乡下的丈夫离了婚，头衔和财势普普通通，大半生都仰赖他人的慷慨解囊。五十五岁时，她失明了。但凭借着聪明才智和人格特质，她跃升为史上最伟大的沙龙女主人。

[1] 德梵夫人（Madame du Deffand，1697—1780）：十八世纪知名的文化沙龙主人，即使在失明后，仍在文艺界占有举足轻重的地位。

夜复一夜，年复一年，从1746年起，到1780年夫人过世为止，举凡贵族男女、科学家、作家、外交官、外国访客与本地精英，无不穿上色彩缤纷的绸衣、绣花缎鞋和相配的袜子，顶着经过设计的发型，点上黑痣[1]，心存感激地前往德梵夫人戏剧化的金红色沙龙。他们窝在华美的椅子里，打情骂俏、说笑、玩牌、谈书。富兰克林、霍勒斯·沃波尔[2]，还有愉快的苏格兰人休谟，都是座上嘉宾。与会宾客中必须有一位将德梵夫人的书信念出来，信件来自夫人众多的鱼雁往返对象。或许是派驻君士坦丁堡的法国大使，写信诉说充满土耳其风情的故事；或许是挚友舒瓦瑟尔夫人，来信告诉她凡尔赛宫内部秘辛；最棒的是伟大的伏尔泰本人，从他在瑞士安稳的小窝来信，投下哲学的震撼弹以及关于政治的妙语警句。

德梵夫人坐在她的高背扶手椅里，犹如一尊雕像，她就是这个小小的欢愉王国的一国之君。白天睡了一整天，她已准备好要彻夜不眠。宾客纷纷来到，夫人空洞的双眼会迎上前，手指在对方的脸颊上翩翩然地摸索着，仿佛要掀探来客潜藏的内在个性。而来客得有心理准备，德梵夫人的沙龙可不是给拙劣人士观望的场所。当时是十八世纪，正是法国启蒙运动如火如荼、思想激荡的巅峰，是机智、嘲讽、才气、品位以及理性的时代。这所谓的

[1] 当时流行的打扮方式，是为了更加衬托出女子肤色的白皙。

[2] 霍勒斯·沃波尔（Horace Walpole，1717—1797）：十八世纪英国作家，创作出史上第一部哥特式小说《奥特朗托堡》（The Castle of Otranto）。

理性，不是那种正襟危坐、一丝不苟的理性，而是一种狂野奔放、自由心证的理性。德梵夫人那双忙碌的手曾轻轻停在含蓄寡言的文人丰特奈尔[1]胸口，“这里，”她赞赏地说，“自有他的内涵。”

德梵夫人是个苛求“欢乐”的人，庄严肃穆、道貌岸然、奋发向上都是她所禁止的。从这个角度而言，她可说是个保守派，因为她周遭的世界已然改变。乐观而有涵养的理性时代朝着革命性的巅峰迈进，德梵夫人相形之下却显得守旧。百科全书编写者对“进步”的信念，以及新兴的多愁善感风潮，德梵夫人和她的朋友全都不以为然，她们自豪地保持着放荡不羁与喜好挖苦的老派作风。

在德梵夫人的沙龙度过的夜晚犹如妙语如珠的庆典。

普列希斯-夏狄戎对他的第二任夫人悲叹第一任夫人之死时，第二任夫人如闪电般敏捷地回应道：“先生，我向你保证，没有人比我更惋惜那桩悲剧的了。”

一名青春不再的仰慕者谦恭有礼地向拉瓦利埃尔公爵夫人告白，说他长久以来都爱慕着她，却始终没有勇气表白。同样年华老去的公爵夫人豪气地说：“天啊，你怎么不讲？否则你早就像别人一样拥有我了啊！”

这些人当中，还是要属德梵夫人最毒辣、最好笑。有一回，

[1] 丰特奈尔（Bernard le Bovier de Fontenelle，1657—1757）：法国科学作家。伏尔泰称之为路易十四时代最多才多艺的人。

她受邀到马歇夫人家共进晚餐，德梵夫人回复说她得去陪和她爱情长跑将近五十五年的情人庞德维利，因为他生了重病。不过，她答应在前往庞德维利那儿之前会尽量先到马歇夫人家坐坐。九点的派对一开始，德梵夫人准时出现了。她愉快地宣布：“我来和大伙儿一起吃饭啦！”这让大家都吃了一惊。当然，众人询问庞德维利的情况。“喔，”德梵夫人一派轻松地说，“他死了，不然我也不会在这里。”

这些轶事都有史料记载，因为德梵夫人的聚会和宾客经常出现在一份新闻选摘通讯上。这份通讯会被送至欧洲各地的启蒙时代开明君主手上，包括普鲁士的特德烈、俄国的叶卡捷琳娜大帝和瑞典的古斯塔夫三世，这些君主无不期待获知来自巴黎这个全球首都的消息。想象一下，那些可爱的宾客会在心里记下珠玑妙语，回到家在微弱的曙光中誊写到纸上。

沙龙生活最大的乐趣之一，就是挺你的朋友、呛你的仇家。德梵夫人和伏尔泰双双厌恶当时大受欢迎的哲学家卢梭。卢梭主张：“比起处在邪恶的社会中，人类在自然的状态中会更快活。”德梵夫人痛恨这样的观点，终其一生，她都试图离大自然越远越好。伏尔泰则对卢梭的想法大为光火，他认为那无异于鼓励人类走倒退路。

1755 年，伏尔泰收到卢梭的《不平等论》(Discourse on Inequality)，他写了一封炮火猛烈的信给作者。

我收到你那本和全人类作对的书了。谢谢你啊，史上不曾有人耗费如此才智，只为证明我们都是禽兽。拜读您的大作，我顿时有用四肢在地上爬行的冲动。然而，不幸地，我戒掉这样的习性已逾六十载，恐怕不可能重拾往日蛮风。

关于卢梭，还有一件事。他和其他重要知识分子，例如狄德罗，针对女性的言行举止，一致主张一种本质上相当中产阶级的理念。他们希望女性遵守三从四德，清心寡欲地扮演好母亲的角色，有耐心、沉默、忠实地担任男人的后盾。德梵夫人那一派和卢梭这一派在思想上的鸿沟，就像是布歇在艺术上俏皮挑逗、雍容华贵，夏丹[1]则是简单严谨、朴实无华。卢梭等人兴致勃勃地提倡男人的权利与自由，同时对女性施加更严格的限制；德梵夫人则坚守贵族典范，从某一方面来说，也是要维护那保障了她本身自由的既有社会秩序。

数年前，法国文人奥祖夫（Mona Ozouf）对这种矛盾的现象提出了解释。她表示，旧体制对女性反而是好的："在君主社会中，男人热衷于维护自身权益、闯出一片天地以及保有一席之地。这为女性的涵养、心理意识和丰富的想象力开启了一个宽广的场域……难怪女性会在法国当家做主。"

卢梭对德梵夫人的重要性心知肚明，否则也不会大费周章解

[1] 夏丹（Jean-Baptiste-Simeon Chardin，1699—1779）：巴洛克时期法国艺术家，风格却一反当时华丽浮夸的潮流，改以日常生活的静物写生为主，呈现朴实的风格。

释他们何以不相往来。

一开始，德梵夫人的失明引起了我的同情，所以我对她相当感兴趣。但她的生活方式与我大相径庭，可说背道而驰。她对所谓的“品位”这种无聊琐事有着无穷的热情，她赋予最微不足道的拙劣画作重要性，她的判断刚愎自用又被激情所蒙蔽，她对某些事物过度的迷恋或仇恨导致她的言论充满令人难以置信的偏见，她冥顽不灵，她沉溺于非理性的热忱当中，固执于自己的激昂想法。这一切的一切都让我打消了关注她的念头。

他以极其傲慢的口吻做出结论：“我不把她当一回事儿，她也很清楚这一点，这足以大大地激怒她。虽然我知道像她这种性格的女人多令人害怕，但我还是宁可被她怀恨在心，也不要和她产生友谊。”

无论他用什么样的假象来自我安慰，没人会被他这段文字愚弄。想跟德梵夫人做朋友，才轮不到有性别歧视的愚人卢梭。

除了真实世界中的巴黎之外，还存有另一个巴黎，一个在我看了几个月的地图后想象成形的巴黎。这个巴黎小巧简洁，有一条蜿蜒的塞纳 - 马恩省河、呈螺旋状辐射出去的各个分区、蒙马特高地上白色的圣心堂、如立体卡片般耸立的埃菲尔铁塔和凯旋门。现在，我在安静的富博圣日耳曼区似乎永无止境的圣多明尼哥路（rue Saint Dominique）上走着，再次想起真正的巴黎总是比我想象的更宏大、更壮观。

这条街上的建筑物犹如从地底冒出来似的，一栋栋组合成一幅和谐的画面：古老、坚定、冷静、服从，又不乏安静。这种井然有序，正是文明的表现。如果我轻咳一声，回音肯定会在这些十七世纪建筑之间粗鲁地回荡。我在找十至十二号，这个地方的前身是建于 1641 年的圣若瑟修道院。

喔，现在我明白为什么这里这么安静了，这个街区是国防部所在地。我停在一个庭院的入口处，大门前站着两名武装卫兵，他们把时尚感和威胁感结合得淋漓尽致。

我窥探着他们的后方，说道："你们能指给我看哪一栋是德梵夫人的公寓吗？"

这两个令人难以专心的帅气卫兵，茫然地望着彼此。

"没听过这个人。"其中一个卫兵说。

不会吧？又来了。

"可是你们应该听过啊，"我抗议道，"她是有名的沙龙女主人。"

"这个嘛，"另一个卫兵说，"我倒是知道拿破仑的母亲，皇太后夫人。她过去住在这里的布里恩府邸（Hôtel de Brienne）。"

真的？但我知道他讲的是这个街区的另一栋建筑。

"不对，"我固执地摇摇头说，"我要找的是德梵夫人。她生前住这里，在那栋老修道院里。”

两位卫兵对我微微一笑，一脸束手无策、百无聊赖的表情。

德梵夫人是所有沙龙女主人中最伟大的一位，但这不是我对她感兴趣的真正原因。我在乎的是她创造出什么，以及更重要的，她克服了什么。

做好心理准备吧，因为接下来是一段绝望至极的文字。“先生，至于我自己呢，”德梵夫人对伏尔泰写道，“我承认我根深蒂固、悲伤地、不幸地感到生而为人的痛苦。在这人生舞台上，不论要我扮演何种角色，我都宁可拥抱虚无。然而，你恐怕会觉得矛盾的是，当我最终必须归去时，**我对死亡同样满怀恐惧。”**

这是真实的德梵夫人。她的沙龙是巴黎最欢乐的沙龙，她却有着二十世纪了无生气、空洞虚无的现代情调。对她而言，一切的一切都一样，不管你是国王还是乞丐，只要活在世上就是大大的不幸。这种不幸凌驾于一切的一切之上。

德梵夫人终其一生都在试图驾驭“存在”这个难以忍受的负荷，但她无从找到安慰。即便还是个年幼的孩子时，她就看透了“神”这种概念。《圣经》反正没有品位，她也从不关怀大自然，乡下生活的乏味令她不耐。人际关系呢？在她看来，人与人之间的牵系往往是出于习惯或对彼此的需要使然，而非建立在无关利益的真诚情感上。她被安排嫁给一位乡下侯爵，在他身上或家庭关系里，德梵夫人完全找不到能赋予生命价值的东西。她的姐姐特地来到巴黎，住在附近就近照顾她。但当姐姐过世时，德梵夫人只说："她是个好女人，但你对她不会有感觉。"德梵夫人从来不想有子嗣，还很高兴自己不曾将另一个生命带到世上，忍受这场漫长、空白、毫无意义的人生。

失明的悲剧并未分散德梵夫人对人生之苦的注意力，她仍旧对伏尔泰写道：

一个人或许有思想，会反省，从事一些活动；或许没有才华，没有热情，没有专业，没有消遣；或许有过一些朋友但后来失去了，而且找不到他人顶替；或许有细腻的品位，有一点洞察力又热爱真理。让我们把这个人的眼睛挖掉，然后将他丢在巴黎、北京或随便什么地方，无论如何，我还是认为，若是不曾生而为人，他会快乐得多……任何生理上的病症，不论多么重大(撇开疼痛不谈)，都不会比人际往来和人类社会更让人悲伤，更让人心灰意冷。

如果你是一个生命毫无意义的十八世纪贵族，你会怎么做？你会在 1718 年奔向巴黎，一路直接下地狱。德梵夫人二十二岁来到法国首都，寄情于无止境的挥霍。她赌博、酗酒、性关系混乱。她利用他人。她消沉地贬低自己，甚至和法国摄政王有过露水姻缘，从他身上榨取终身赡养费。当然，什么都无法满足她，她终究还是觉得很无聊、很无聊、很无聊。不只如此，在她三十二岁时，摄政王死后，她变成社交圈的边缘人。人们当她是个被众人唾弃、被情人鄙视、被朋友抛弃的笑柄，她无法解开这个困局。但没有人比德梵夫人更鄙视她自己，她说："我只剩下自己，而我正是自己最靠不住的靠山。我找寻我的灵魂，找到的却是一副残骸。"

在劳伦斯·杜雷尔（Lawrence Durrell）的《亚历山大四部曲》（The Alexandria Quartet）中，有个角色主张每个人的人生都是一部小说选辑。我想他的意思是，或许我们每个人都不自觉地为自己偶然、混沌的生命设计了一个故事，而我们赋予这故事一个架构和意义。但德梵夫人否定了宗教、命运或遗传这一套套堂皇的说辞所能带给人的安慰，她也同样拒绝沉湎于那些让人生变得尚可忍受的小小谎言之中。相反地，她勇敢地活在冷酷、荒凉、空虚的自我怀疑中。

安妮塔·布鲁克娜（Anita Brookner）在她的议论文集《浪漫主义及其不满》（Romanticism and its Discontents）中，引述德梵夫人的叩问："伏尔泰先生，你和所有的谬误搏斗，并将它们全部击溃了，那么，**你拿什么来取代它们呢？"**

在今天，我们会催促德梵夫人去看医生，医生肯定会开抗忧郁的药给她。"是化学作用失调，"医生会说，"是童年创伤，是荷尔蒙作祟。"伏尔泰则看到了德梵夫人的厌世观的深层情绪因素："夫人，你让我深深地感到痛苦。因为你那些悲观的想法，不单是理性思考的结果，更来自你切身的感受。”

伏尔泰认为解决的办法是运用德梵夫人先天过人的聪明才智。“你有着晶莹剔透的美好质地，”他在1736年写给她的信里说，“不要害怕与人谈论。不要羞于拿出你的聪明才智为自己的魅力加分。去和其他女性建立情谊，但要辩论是非黑白时则来找我。”

不过，德梵夫人拒绝沉醉于假想中，她不认为自己的聪明才智能有一丁点儿比得上伏尔泰。她回信道：

> 生而有超凡才智与过人才华的人，多么值得高兴啊！先天资质只足以让他不那么茫然度日的人，多么值得同情啊！我发现我自己属于后者，而且有许多人和我一样。我和这些同类中人的唯一差别，在于他们很能安于自己，而我不但对他们不满，更对自己大大地不满。

德梵夫人意识到存在所带来的道德与精神苦难，意识到自己终其一生将这样痛苦地活着。她的因应之道呢？当然不会流于老套，不是自杀，不是宗教信仰，不是通过酗酒或吸毒来转移注意力。都不是。她选择了最不可能的生存之道，她选择了社交、欢乐以及理性。

德梵夫人将沙龙规范视为一种社会制度。她扬弃直觉、感性与自然之美，而选择逻辑、理性与人为艺术。她孜孜不倦地投入维护贵族的生活规范，这种规范的基础是广博的学识、简单的公平原则和信手拈来的机智。社交生活若非她的救赎，至少也成为了她的止痛药。

沙龙给了她一个在傍晚起床的理由。

而且沙龙发挥了疗效。在那烛光摇曳的金红色沙龙里，她创造了一个世界。甚至到她已届七十高龄时，英国美学家霍勒斯·沃波尔仍旧认为她是“一位痛快过活的失明智者”。沃波尔说：“她很老很老，双眼全盲，但她的活力、机智、记忆力、判断力、热忱和随性未曾稍减。她和伏尔泰通信，会口述迷人的书信内容，也会反驳伏尔泰的想法。不论是对他或任何人，她从不厚此薄彼，她嘲笑牧师，也嘲笑哲学家。”

但我必须要说，德梵夫人不是个好相处的女人。她从来就不快乐，也不亲切，连她的朋友都怕她。她的情人戒慎惶恐地对待她，仿佛她是恐怖分子。当她对年轻的同性恋者沃波尔产生一种出乎意料、不求回报的情愫时，她的仇家都幸灾乐祸——至少，她暴露出身为一个平凡女人的需求了。

德梵夫人一度相当照顾她可人的外甥女朱莉·德·雷斯毕纳斯（Julie de Lespinasse），不但让她寄住家里，还将她带入沙龙圈。但当这名年轻女子把德梵夫人的仰慕者都吸引走之后，德梵夫人把她赶了出去。1764 年，朱莉的支持者送她一栋房子，就在德梵夫人贝拉雀斯路（rue de Bellechasse）寓所的下一个转角。

我沿街往回走，看到一些国防部官员懒洋洋地在阳光中的草地上消磨时间；这座小小的公园，就是朱莉的住处所遗留下来的痕迹。当时，宾客肯定络绎不绝地离开德梵夫人的沙龙，偷偷摸摸溜到同一条路上的敌方沙龙，也就是朱莉这里。1776 年，朱莉浪漫地在芳龄四十四岁时早逝，所有人不胜唏嘘，唯独那位将她介绍到巴黎的女士毫不惋惜。德梵夫人只是冷淡地说：“雷斯毕纳斯小姐在今晚午夜二时死了，过去这对我可能有什么意义，但现在再也没有了。”

1780 年，德梵夫人以八十四岁的高龄死于自宅；一如往常，她死时同样被众人围绕。临终时，她躺在床上，同意神父前来为她祝祷。但据说她还是忍不住趾高气扬地教训了神父一顿：“神父啊，我什么都配合你，只要你答应我三件事情：不要发问，不要规劝我，不要向我传教。”

沿路往回走，我去往一家朴素的家庭式餐厅。餐厅窗户挂着蕾丝窗帘，老板很正式地招呼我，没有虚伪的熟稔，也没有过问一些不着边际的问题，就连他的脸部表情都很严肃、庄重。这倒反而给了我一个能保有隐私、好好放松的空间，这正是单身女性独自享用午餐也能觉得百分之百地自在的原因。

我坐下来看菜单，突然想到，大概好些人都不欣赏德梵夫人选择“社交”作为生活方式，甚至作为人生的意义的行径。对许多人而言，这恐怕肤浅得令人无法忍受。

现代人之所以会鄙视社交礼仪，部分原因在于我们都是浪漫主义者。这不是我们所选择的，而是我们恰好处于这个历史上的时间点。自从卢梭将所谓的“高贵野蛮人”理想化，贝多芬拒绝向贵族鞠躬，拜伦把头一仰用鼻孔看人，礼貌、礼法、礼仪、礼节……通通都贬值了。个体受到鼓励，将个人感受看得比群体利益崇高，更有甚者，在浪漫主义的世界观里，公民社会本身就被看轻；在都市中，个人找到的只是过时世界里老掉牙的规矩，只有在大自然中，人们才能找到真诚与感动。

但是公众认可的人际互动形式可不是愚蠢的玩意儿，而是文明的必需品。在法国大革命期间，君主政体和恐怖统治告终，法国社会正试图振作起来，找到将自身重建为共和国的办法。政治家兼小说家斯塔尔夫人提出了反对野蛮化、反对蓄意摒弃一切旧有礼仪规范的警告：

公民态度[1]是良好品位的一部分，具有文艺和政治上的重要性……“礼貌”是社会上的陌生人彼此之间建立起来的桥梁，“美德”使我们与比我们不幸的家庭、朋友或其他人产生联系。而在每一种自愿性的人际关系中，公民态度为情感铺路，让信赖变得更容易，也为每个人在这世上保留一席个人美德应该赋予他的位置。

[1] 公民态度（civilised manners）：身为一个公民，或说身为社会一分子，对他人表现尊重的态度。

她并非针对人们在新共和国中生存的社会适应力[1]而发表议论，她的目标没那么琐碎。在那个动荡的转变时期，斯塔尔夫人主张礼貌是社会上全体国民健全与否的指标。“社会规范是道德生活的图像，”她写道，“若非有什么突发状况或特殊的例外，社会规范能让人们养成尊重彼此意见的习惯。国家的领导者一旦破坏或轻忽了这些规范，将再也无法激起人们对彼此的尊重，无法修复这个被领导者自己摧毁的要素。”

现在，处于浪漫主义时期的最尾声，我们只要在晚上看看真人实境的电视节目，就知道如今甚至连理性都受到怀疑、遭到颠覆，而助长了短暂情绪和原始本能的气焰。为了感性，人们抛弃了理性。

这些课题让亨利·詹姆斯（Henry James）和伊迪丝·华顿为之着迷。他俩都将美国的“自然”拿来和欧洲的造作与世故相互对照。微妙的是，在他们的文学作品中，两人皆倾向于肯定美国式的纯真。詹姆斯笔下的伊莎贝拉·阿切尔[2]，是我最喜爱的角色。她是一个纯真的美国人，残酷地受到腐败、精明的欧洲人（或者欧化的人）愚弄。但在真实人生中，恭喜他们，詹姆斯和华顿都从野蛮的美国投奔精明、世故、守规矩、有礼貌的欧洲

[1] 社会适应力（social ease）：泛指社会参与、与人相处的能力。
[2] 伊莎贝拉·阿切尔（Isabel Archer）：亨利·詹姆斯于 1881 年出版的小说《贵妇的肖像》（The Portrait of a Lady）里的主角。

社会。

浪漫主义者忘了一件事，都市之所以重要，正因为文明肇始于此。批评者认为都市是冷漠、疏离、没有特色的地方，这些特质对个体的人而言是好是坏，但凭个人主观。我的母亲迫不及待地想离开人人爱管闲事的乡下地方，投入城市所能给她的自由里。空旷的地方让她窒息，只有在人挤人的街道上她才喘得过气。德梵夫人也有一样的感觉，她在巴黎常常不快乐，但那不是重点；只有在巴黎，她才能施展她惊人的威力，她才能做自己，或者更精确地说，她才能创造自己。对德梵夫人而言，巴黎意味着社交、文明和个人自由。“你需要巴黎。”伏尔泰为德梵夫人指出这一点。

德梵夫人认为，乡下地方唯一的好处，就是悲惨二字在你预料之内。“乡下乏味多了，尽管在巴黎日子更难熬。在乡下，你没有任何期待，你没有任何的要求与欲望，所以也不会感到厌烦或者失望。”

我不反对大自然，我同意大自然很重要，我们不该只为了人类的生存问题而爱护自然。只是在审美观上，我信奉的是十八世纪的观点——在一片辽阔的景色当中，树木经过精挑细选以及精心修剪，再盖上一座人工的小巧凉亭，并没有什么不对。我喜欢经过修剪的花朵、香醇的咖啡、《浮华杂志》、莫扎特、艾灵顿公爵和高贵的长靴。我不喜欢养小动物，也不喜欢露营——希望我不会因为这样遭到唾弃。老实说，如果某些人不要忍不住就爱

“亲近”大自然，没事跑到原野上踩踏，这对大自然可能才是好消息。

我认为最美好的事物，包括都市本身、规矩、仪式、社会和社群都发生在都市里，其他地方不会诞生出“公德”的概念，也不会提供你朝自由踉跄前进的体验。

我不知从哪里读过礼仪是伦理的延伸，我相信的确如此。表面上，礼仪是要人遵守规矩，但更重要的是，礼仪提供了一个架构，在这个架构中，人人都可在某种程度上随心所欲，成为我们想成为的人。比方德梵夫人，通过礼仪与社交的架构，她过着极其个人、极富心智自由的生活。

就像我，在这座城市的小小餐厅里，只身一人，心情平静，被带有距离感的礼节所拥抱。

左岸

从事写作的年轻女性很少有知道节制的（年长女性亦然）。

——柯莱特

童年时，我是那种成天捧着书坐在树干上的小孩。书本就像防护罩，帮我把讨厌的现实世界挡在外面。我会在午餐时间摊开一本好看到被我翻烂了的书，小心翼翼地放在腿上，抬起头吃一口羊小排配马铃薯泥，而后低下头继续下一个章节。星期天，我带着小说坐上车去望弥撒、参加家族聚会或到海边野餐。午餐后，我的家人和朋友打起板球，我就静静地躲回车上。“车子里很闷耶！”我的母亲反对地说，但我可以在小说里的清新空气中纳凉。

我爱读书，尤其重读一本书能带给我更深的喜悦。十四岁时的我对真实人生依旧无知得近乎反常，文学作品里的女主人公就是我的灵魂伴侣。伊莎贝拉·阿切尔、多萝西雅·布鲁克[1]、莉莉·巴特[2]和伊丽莎白·班奈特[3]都是我忠实的朋友，她们受到了误导，对理想人生的追寻让她们陷于险境，她们追求着艺术、美、知识和真爱。每每读到她们因崇高的抱负而受到惩罚时，我便会一洒热泪、辗转反侧。而我这个悉尼郊区肉贩的书呆子女儿，战战兢兢地从中记取教训，告诫自己绝对不要受到北意大利某个狡猾的美国淘金客、英国乡间某个与世隔绝的学究或纽约社会暗藏危险的光鲜亮丽所惑而误入歧途。

然而，学校的修女老师自有一套了不得的大道理。她们说，

[1] 多萝西雅·布鲁克（Dorothea Brook）：乔治·艾略特（George Eliot）《米德镇的春天》（Middlemarch）的女主角。

[2] 莉莉·巴特（Lily Bart）：伊迪丝·华顿《欢乐之家》的女主角。

[3] 伊丽莎白·班奈特（Elizabeth Bennett）：简·奥斯汀《傲慢与偏见》的女主角。

贞操无价，女人该做的就是捍卫贞节。葆拉修女会陶醉地朗诵圣玛莉亚·葛莱蒂（Saint Maria Goretti）之死令人毛骨悚然的细节：圣玛莉亚·葛莱蒂是一名年轻处女，她告诉意图强暴她的人，她宁可直接被他一刀刺死，也不要犯下婚前性行为的罪。“然而，她在临终时宽恕了他。”葆拉修女口吻虔敬地道下结论。

我变得厌恶起圣玛莉亚·葛莱蒂以及她所代表的一切。为什么她不选择活下来呢？我不懂。为什么她不屈服呢？为什么她不救自己一命却选择死亡呢？烈士、天使和牺牲者再也无法令我着迷。我要的是有勇气活下来，而不是有勇气去死的女人。

我没有蜕去我的无知，因为我还是悲哀地欠缺人生经验，但我蜕去了继续天真无邪的意愿。我想甩开这个包袱，我不喜欢我那不堪一击的童贞。当然，在那个年纪，我解决这个问题的办法不是去寻求真实的人生体验，而只是改变我的阅读习惯而已。我渐渐地在文学里发现了一群截然不同的女人，一群不会被人生耍得团团转，而是扼住人生的脖子，要人生照她的意思来的女人。南西·米特福德《恩赐》里的安柏婷、柯莱特《琪琪》（GiGi）和《紫恋》（Cheri）里那些精明干练的交际花，甚至安妮塔·路斯《绅士爱美人》（Gentlemen Prefer Blondes）里拜金的罗蕾莱·李，这些故事的女主人公代表了一种令我耳目一新的女性特质。她们是鲜明、顽强、有力的生命体，仿佛别着荣誉徽章般炫耀着她们的世故。当然，我还是很爱多萝西雅·布鲁克和伊莎贝拉·阿切尔，但我对她们的道德恐慌症越来越不耐烦。生存下来发光发热的女人，成为我心目中的楷模。

现在，我裹在深色大衣里，站在河畔，唇色明艳动人，呼吸着绿色的塞纳-马恩省河扬起的湿冷空气。微风吹得茂盛的墨绿色树叶沙沙作响，吹凉了建筑物的砖瓦，也吹起了跨过艺术桥要到左岸的行人的衣角。

左岸，巴黎的拉丁区，在我眼里是个很合情合理的地方。几世纪以来，这里是巴黎天主教的心脏地带，是这座城市里男女修道院、教堂、尖塔、圣徒和密修者的所在地。在十九、二十世纪，纯真年代已远，世俗污染冷酷地到来，左岸摇身一变，成为浑身刺青的艺术家、嗑药的堕落文人、酗酒的流亡者、高调的女同性恋、火辣的爵士宝贝和冷淡的知识分子这些新品种巴黎人的据点。在左岸，罪恶与神圣彼此交融，**而罪恶又凌驾于神圣之上。**

我沿着塞纳-马恩省河街迂回前行，背对一面满是涂鸦的墙壁停步伫立，望着对街的三十一号房屋。庭院前的蓝色大门上方有一块小小的牌子，写着“乔治·桑（1804—1876）于1831年住在这栋房子里”。我在狭窄的人行道上徘徊着，举止优雅的路人从我身旁钻过，也许他们正去往塞纳-马恩省河畔，或是某家画廊、古董店。一辆车停了下来，挡住我的视线。然而，即使是在现代巴黎的嘈杂声中，也不难想象本名阿曼蒂娜·奥罗尔·杜宾的乔治·桑抵达巴黎的那一刻。

那是1831年一个寒冷的一月天，二十七岁的奥罗尔抛夫弃子，撇下她在乡下大宅邸的责任，离开贝里省的诺昂城（Nohant）。穿着长裙、脚踩高跟鞋的她，迫不及待地冲进这扇蓝色大门内，和她的情人儒勒·桑多（Jules Sandeau）聚首。在婚后的前十年，她有过几位情人，但没有一位像二十岁的儒勒那样，有着天使般的卷发、白里透红的脸颊，是个清瘦得惹人爱怜的金发美男子。后来，她对一位友人倾诉道："他在那里，在我的房间里，快乐地在我的臂弯里，呻吟着、叫喊着、大笑着，我轻轻地打他、吻他、咬他。那是一场我们未曾经历过的欢愉的风暴。"

当奥罗尔再度出现在这扇大门前，她已经变得让人认不出来了。她和儒勒看起来不像情人，倒像大一新生。她帅气地穿着灰色骑士长大衣，脖子上系着领结，下半身是排扣长裤和小巧的黑色长靴，铁制的鞋跟很是坚固。她抽着雪茄，黑缎似的双瞳仍旧迷人，盘起的光滑黑发则塞在帽子下，儒勒的领带和背心则是歪歪扭扭的。他俩漫步街上，一起去看戏，一起在便宜的餐馆用餐，陶醉在破败、邋遢、富有原创力、放荡不羁的巴黎。他们和作家、艺术家、演员以及音乐家混在一起，连伟大的巴尔扎克都是他们的朋友。"我亲爱的巴黎啊，它给我的自由是多么甜美，让我得以活在爱里，和这么爱我的儒勒在一起。"奥罗尔赞叹着。

奥罗尔尝到了自由的滋味，而且不打算放弃它，她现在欠缺的是一个让她自此永远弃绝乡下生活的好理由。"我要当艺术家！"她想，"对，我要成为艺术家。"就这样，她有了计划，她将以乔治·桑之名重生。她的第一部小说《安蒂亚娜》(Indiana)将造成轰动，让她驰名国际。故事是关于一个婚姻不快乐的女人以及她对真爱的追寻。她将以浪漫、独特、任性的形象成为偶像，她将住在巴黎这个放荡式浪漫主义的首都。

站在塞纳-马恩省河街，我再次为乔治·桑的力量所震撼。当她还是个教会学校的年轻女学生时，就住在几条街外的勒穆瓦讷主教街（rue Cardinal Lemoine）上。不管修女教了她什么，乔治·桑显然从未被教义的训示说服。“举凡对我好的，当然也对所有人好”，她的个人哲学真是既惊人又具破坏性。“我从不自问为什么我要这个或那个，内在的我总是骄傲地回答：**因为我要。就是这样。**”她如此总结她那至高无上的自我主义。

想着乔治·桑和她那怪兽般、不可思议的自我，我回忆起过往片段。几个月前，在我考虑辞掉工作时，我相当痛苦。有那么一刻，所有的恐惧和焦虑犹如不速之客霎时涌上心头。我无法忽略对金钱、安全感、风险和年华老去的担忧。种种声音在我脑海里喧哗，对我抛出肤浅的侮辱与黑暗的远景，淹没了所有理性的内在对话。

于是我在悉尼城北的办公室附近，找了一位心理咨询师，在她的房间里，简短地告诉她我的处境：“我想辞职，但是我很害怕。”她问了些问题，好帮助我厘清自己，但那变成一场兜圈子似的怪异对话。“这种焦虑告诉你什么？”她慢慢地问道。

“呃，我猜那告诉我，我很害怕。”我谨慎地回答。

“那么，这种恐惧告诉你什么？”现在，她说得更慢了。

情况变得很荒谬。

“告诉我，我很焦虑？”我说。

我很快就明白，这种恐惧在告诉我，我应该去面对那些情绪上的不速之客，而不是再在这位咨询师身上浪费时间。疗程结束时，她说，如果我愿意全心投入一系列的讨论，她相当确定她能帮助我。“第一次还看不出成效。”她暗示道。我谢过她，结了账。隔天我辞了工作，那群情绪上的不速之客就像来时那般，霎时间全走光了，我也得以重获喘息的空间和自由。一旦掌握住自己的命运，世界看起来就简单多了。

乔治·桑从不曾动摇，不曾自我怀疑，不曾负面地看待自己的所作所为。她很快就厌倦了白里透红的小伙子儒勒，冷静地终止了他们的恋情。但儒勒未曾将她忘怀，始终因她任意的抛弃而颓丧。当他年老时，人们听到他酸楚地说：“她是一座坟场，你懂吗？一座坟场。”情人一个个接续经过乔治·桑的生命——拜伦式的花花公子缪塞、已婚的社会主义律师布尔、查尔斯·迪迪尔、古斯塔夫·德·热沃当、演员波卡基、作家米列菲勒，与作家梅里美毁灭性的一夜情，当然还有作曲家肖邦。

不论她在自己的感情生活中掀起什么样的风暴，处于暴风眼的她都是冷静的。在这团混乱的旋涡里，她保持着犹如佛陀般纹丝不动的镇定。她像煮一顿晚餐般流畅自然地生产出一部又一部的小说。她在夜深时分写作，从午夜开始，到凌晨四点停笔就寝。她从不为了让自己的才华臻于完美或为了润饰作品而挣扎。针对她的小说《雷欧尼》(Lenne Lenoi)，她说："我（在诺昂城）花一个星期写成，寄到巴黎之前几乎没再读它一遍。"孤单的福楼拜曾写信给乔治·桑："你不明白什么叫作花一整天把头埋在手里只为了一个字搜索枯肠。对你而言，灵感源源不绝，像一条河。"乔治·桑回复道："没错，我就是不明白你的痛苦。"

再走几步路就是那家位于转角的调色盘（La Palette）咖啡馆，我坐在室外的桌位，点了啤酒和一盘奶酪。天气很凉爽，是那种仿佛回到冬季的春日。坐在这里，拉紧外套，轻拂脸颊的空气令人精神为之一振，滑过喉咙的啤酒劲头猛烈，感觉很棒。微风和我的发丝嬉闹着，我的思绪穿越时空，走下这条街，在雅各街（rue Jacob）右转，二十八号房屋的三楼是另一位法国名女人在巴黎的第一个居所。时间是1893年，乔治·桑初抵巴黎五十五年后。她是一位二十岁的新娘，名字叫柯莱特，刚从乡间来到这里。

不同于乔治·桑，年轻的柯莱特并未在巴黎找到自由。雅各街的公寓狭小、黑暗，"没有光，没有空气，像是穷苦人家的公寓，而且弥漫着深沉的忧郁"。柯莱特也没有在这座城市里找到安慰，对这个想家的乡下女孩而言，巴黎是一座偌大的监狱。"我无意认识巴黎，这座城市让我充满恐惧。"

柯莱特嫁给了一个诡计多端、善于操弄、比她大上十五岁的男人。她没有丝毫抗拒，甚至拥抱这份身为妻子的束缚："有许多还不到适婚年龄的女孩，都想成为中年男子的炫耀物、玩物和尤物。”她的丈夫威利是位巴黎名流，出版一些情色作品，但都是由写手为他代笔。他的乡下小妻子爱慕他，但他不是一个好丈夫。他不忠，无视于她的存在，对她忽冷忽热。婚后第一年，柯莱特变得犹如被剥夺了阳光的植物般憔悴，病情严重到她母亲从乡下赶来照料她，直到她康复。

威利叫她写写学校里的故事，她不在意地欣然展开这项任务。她坐在阴郁的公寓里，尽职地将本子上的空白页面填满。威利否定了她的作品："我错了，没用的。"他回头去找他那一票写手，去找在艺术上能和他高谈阔论的伙伴，当然，也回头去找他的情妇。柯莱特则松了一口气地回到她的猫“琪琪拉小乖乖”、她那张长沙发椅、书本、她母亲的信件和少数的几个朋友身边。尖下巴、蓝眼珠的柯莱特留着长长的辫子，像是一个破碎童话里的公主，对自己的囚禁状态一知半解，不自觉地等待被释放。

直到五年之后，威利清理书桌时意外发现她的手稿。“他打开其中一本簿子开始翻阅：‘还不错嘛。’他又翻开了一本，什么都没说，接着是第三本、第四本。‘天啊，’他咕哝着，‘我真是天杀的蠢蛋！’他一把抄起那些凌乱的簿子，抓起他的宽边绅士帽，冲去找他的出版商。这就是我变成一名作家的缘由。”仿佛事情就那么简单，柯莱特这么说。1900 年，威利用他自己的名字，出版了柯莱特的第一本克劳汀系列小说《克劳汀上学》（Claudine à l’École），立刻获得广泛回响。

我配着奶酪用力吞下一口啤酒，试着想象一位天生的作家怎么能够五年来都将她的主要创作丢在抽屉里，让它没有问世的一天。这位作家怎能忍受接下来的五年，作品都是以丈夫的名字发表。柯莱特表现出的不在乎简直不可思议，这个女人怎能如此随性地看待她了不起的天赋？她怎能如此不把自己的才华当一回事？她怎能被动地容忍丈夫的操控？

接下来，威利每天强迫柯莱特写作四小时，很快地就享受到后续三本克劳汀系列小说的成功，而且全都以他的名字发表。

威利对柯莱特的操控持续到1906年两人离婚为止。一开始，他怂恿妻子接受他的情妇，后来，他又鼓励柯莱特追求同性恋情。最后他将她推上舞台，为她日后的独立奠定了基础。被动而懵懂的柯莱特清楚知道她想离开丈夫，但终究还是由他击出了最后一拳。“……我听到的是一道驱逐令。当我还在空想着要远走高飞时，我的枕边人已经计划将我扫地出门，扫出我的家门。”她回想离婚时受到的屈辱，“我记得我的双颊一阵燥热，我记得我的愚蠢。他设下骗局，夺走了某个我原想悄悄弃之不顾的东西。”

柯莱特从无知到世故的历程往往被刻画成有意识的反抗。许多撰写柯莱特传记的作家，漫不经心地将这件事描写成柯莱特离开了威利，然而事实并非如此。在朱迪斯·瑟曼那本大部头传记《肉体的秘密：柯莱特的一生》（Secrets of the Flesh）的卷首插画页，布鲁贝利出版社宣告柯莱特是“二十世纪第一位现代女性”，其实她不是。这些谬误之所以持续存在，或许是因为日后那个气势恢弘、自信满满的柯莱特实在太不像年轻时那个卑微、怯懦的柯莱特。或许，要让人相信一个被动、顺从的柯莱特，简直不可能。柯莱特重新创造了自己，至少在一开始，她这么做并非出于自愿，而是出于必须。

在我看来，柯莱特一点儿也不现代，她的性情很复古，反而有着异教徒的精神。“要知足，我奉劝你，让一时的诱惑过去，满足于你所拥有的。”她对她最要好的朋友，也就是演员玛格丽特·莫雷诺（Marguerite Moreno）说道，“我们最能够确定的，就是当下握在手中的东西。”

当我还是个小女孩时，父母亲爱怜地把弟弟和我带到他们的床尾，鼓励我们在耶稣像前跪下来祷告，耶稣仿佛拥有一颗裸露、流血的心。如今回想起来，我不禁困惑，什么是基督教？这种信仰对牺牲与死亡的执着又是怎么回事？柯莱特不理会死亡，总说死亡无法引起她的兴趣，就算是与她切身相关的人之死亦然，这无疑是我钟爱柯莱特作品的原因之一。在她母亲过世时，她拒绝出席葬礼，也拒绝服丧。至于生命的意义呢，柯莱特只简单地说：**“我们真的有时间去发现或创造一个意义出来吗？”**

将近三十三岁时，柯莱特有了一个想法。“我隐约感觉到一种对我自己的责任，要写一点不同于克劳汀系列的作品。”我想，就是在这个时候，柯莱特开始了自我创造的过程，不像乔治·桑那么地有自觉，而比较像一朵可爱的小花自然地绽放。

柯莱特单纯地释放了自己的天赋。当她开始绽放时，自然而然地着墨于平凡的场景，也就是彼时彼刻她周遭的世界：居家宠物、芜杂的花园、圣托培兹的海边、皇家宫殿的庭院、混乱的书桌、污浊的剧院更衣室、情人的表情和母亲的忠告。她生活中的一切经历都可以纳入柯式艺术当中。柯莱特的人生走向了不同凡响的方向，她也自然而然地写了一些惊人的内容。她在报纸上的连载作品《纯洁与污秽》《熟成之籽》曾不止一次地因她精确直率地描绘性爱的倾向越来越明显而必须戛然喊停，柯莱特仿佛是要主动、热烈地拥抱世俗、肉体与邪恶。

风越来越猛烈地打在脸上，我起身结账，散步到雅各街二十号。1907 年，来自美国、性关系错综复杂的美丽女同性恋娜塔莉·巴尼（Natalie Barney），买下了这栋房子，继承了这个与乔治·桑不无渊源的居所。她举办巴黎文艺圈派对，派对尾声，女性宾客会穿上透明睡衣在花园里的凉亭跳舞，接着喝杯茶，以庆贺她们的女性身份；有几次，柯莱特在这群女子当中脱得一丝不挂。

柯莱特和娜塔莉·巴尼有过短暂恋情以及长久的友谊。进入老年之后，娜塔莉还会爬上皇家宫殿的阶梯，与柯莱特促膝长谈——两位老夫人追忆辉煌的过往。

站在这条璀璨的街道上，我内心波涛汹涌地想象着这些不同凡响、才华洋溢的女子纷纷来到巴黎的这个小角落。纵使柯莱特在乔治·桑死后三年才出世，她们之间仍存有微妙的联结，是巴黎此地一段段六度分离[1]的缘分之一。

雅各街二十号是乔治·桑的曾祖父法国大元帅萨克森伯爵在十七世纪时建造的。完工之际，他最后在花园里盖了那座“恋慕之亭”，将房子作为信物送给他的情妇——高雅伟大的女演员安德妮·勒库弗勒（Adrienne Lecouvreur）。勒库弗勒在短暂的一生中，也如乔治·桑和柯莱特一样不同凡响且恶名昭彰。她拥有众多情人，伏尔泰可能是其中之一。伏尔泰爱慕她，在她死时，他和萨克森伯爵皆随侍在侧。

娜塔莉·巴尼购得这栋房子时，很清楚这房子过往的那段浪漫历史。一如乔治·桑，娜塔莉对充满浪漫情事的古老巴黎情有独钟。她也像乔治·桑一样，不吝惜付出自己的情感，却又沉着不为所动、浪漫得无情。曾有一次，她一个晚上就分别和十八名女子约会。她曾说：“我热爱我的人生……我的一切作为皆是出于自己高兴。”这段话仿佛是乔治·桑那句任性宣言“因为我要，就是这样”的激切回音。

我朝河边走去，离开巴黎左岸。左岸将所有矛盾的元素系在一起，织进它的地景里：圣人和罪人、善与恶、社会与个人、基督徒与异教徒。种种相抗衡的力量所产生的冲突，仿佛被永恒禁锢在这些石头、建筑物和年深日久的树木里。那些挑战这种种冲

[1] 六度分离（six degrees of separation）：社会学家斯坦利·米尔格伦（Stanley Milgram）所提出的理论，意指两个陌生人之间，最多只分隔了六层关系（例如朋友的朋友的朋友的朋友的朋友的朋友……）。

突的女人，找到了属于她们自己的路，去穿越、超越这些冲突。她们拒绝死亡与牺牲，拥抱生命与艺术。

柯莱特在 1954 年过世时，已是法国最知名也最受尊敬的作家之一。她受到了国葬的礼遇，也是首位得此殊荣的女性，天主教会却拒派神父前去。格雷厄姆·格林[1]从英吉利海峡的另一端，捎了封著名的抗议信（同时也是赞美信）到法国，说“这位作家的著作受到我们喜爱，而她也因此成为我们挚爱的人”。

几百年前，安德妮·勒库弗勒在乔治·桑的祖先送给她的房子里与世长辞，教会同样拒绝为这名女演员举行基督教葬礼。一如柯莱特，她触犯了太多的社会禁忌。伏尔泰为她挺身而出，再一次，又有一名男性作家写下热情的字句，献给他挚爱的艺术家：“这位无与伦比的女演员，简直创造了与心灵对话的艺术……”

朝着河边与家的方向前行时，我的心拥抱着这一切，我的外套则温暖地怀抱着我的胸膛。

几小时后，瑞秋和我在奥玛家（Chez Omar）的入口处脱下大衣。奥玛家是布列塔尼街上的一家餐厅，离瑞秋住处很近，“这里很方便、很便宜，也很时髦，不要问我为什么。”我们扫视

[1] 格雷厄姆·格林（Graham Greene，1904—1991）：英国知名作家。著名作品有《爱情的尽头》（The End of the Affair）、《事物的核心》（The Heart of the Matter）、《沉静的美国人》（The Quiet American）等。

着情绪高昂的人群时，瑞秋说。

这个老旧的房间有着芥末与原木的色调，看起来确实不像时髦人士会出没的地方。它很温暖，点着柔和的灯光，一点儿也不富丽堂皇。老板是奥玛，一位短小精悍的老先生。他敏锐的东方人目光落在我们身上。

“这是我的朋友露辛达。”瑞秋揽着我的手臂说，“来自澳大利亚，是个作家。”

“我有很多澳大利亚来的客人，”奥玛用轻柔、带着口音的英语说道，“你认识约翰·华特斯吗？那位歌手？他老是来这里。还有那位设计师，克莱特……”

“克莱特·蒂尼甘，”我接口道，“认识，我认识。喔，也不是啦，应该说我认得他们。”

瑞秋和我站在吧台边，啜着滑顺的基尔酒，等候入座。瑞秋向我描述最近她受邀演讲的研讨会，她将提出赞成全球自由贸易的论点，她将勇敢、有条不紊、合乎逻辑地证明，唯有诸如法国等富裕国家打开贸易大门，第三世界的穷困状态才能根除。这是一个许多人都不愿意倾听的讯息，身为她的朋友，我很自豪。

奥玛突然回头沿着吧台走向我们。他的目光越过木头台面，笔直地落在我身上。他看起来更矮了一些。

“星期天，我想带你去吃午餐。”

瑞秋和我都明白，瑞秋不在受邀之列。

“这……”我说。这可新鲜了。“啊，”我答复道，“嗯，您人真好，让我考虑考虑。”

奥玛冷静地点点头，然后带我们入座。

要让瑞秋惊讶并不容易，不过，奥玛办到了。

“天啊，你远远比我更能融入这里。你想过搬来巴黎住吗？这里适合你。”

“从来没想过。我会比你更难融入。为了工作，你得待在这里。我喜欢参观巴黎，但没办法住下来。你知道的。我的人和心都跟悉尼紧紧相系。”

我们和店内时髦的年轻人推来挤去，吃着普通的北非小米饭配羊排。我们大声说话，音量盖过周围兴致高昂的嘈杂声。

瑞秋说：“小露，你应该跟他去吃午餐，那是巴黎经验的一部分。你是作家，在这里，他们很尊敬作家，你知道的。”然后，没什么恶意，像要澄清似的，她说：“说不定奥玛希望你能写点他和这家餐厅的事情。”

步出餐厅时，奥玛为我们穿上大衣，我接受了他的邀约。我们约定星期天十二点十五分在这里碰面。

户外的冷风迎面而来，奥玛轻柔地，仿佛朗诵诗句般，又像送给我一件礼物似的说：“我喜欢你。你看起来好像准备好要迎接任何事物的样子。”

就像那阵冷风，这句话让我打了个寒颤。这位陌生人仿佛看到了我身上连我自己都还没看到的东西。

爱的语言

相信我，当你一脚踏上法国的土地，纯粹的快乐就此开始。我亲爱的上校[1]当然是原因之一，不过，我们并非时时刻刻腻在一起。每一天的每一分钟都是恩赐，早晨醒来时，我的感觉就像过生日般兴奋。

——南西·米特福德

[1] 亦即高斯登·普洛斯基上校（Colonel Gaston Palewski，1901—1984）：二次大战时与南西·米特福德交往的法国军人，战后南西·米特福德为他从伦敦搬到巴黎，南西·米特福德曾以他为原型，分别虚构了法布西（Fabrice）和查尔斯－艾杜奥德（Charles-Edouard）于她的两本小说里。

即便我还只是个学生时，就知道南西·米特福德的秘密了。我知道她不只是那对丑闻缠身的贵族米特福德姐妹之一，不只是社会风情喜剧[1]的二流作家，当然更不只是大作家伊夫林·沃的笔友而已。在内心深处，我知道她是一位哲学家。就靠着每天在回家的公交车上读企鹅版平装小说，我这个懵懂少女，就看出南西·米特福德是个哲学家。

公交车颠簸地在车阵中穿梭，我会不时从书页上抬起迷蒙的双眼，看看途经的鸡肉铺与停车场，但我眼里所见的尽是另一个时空——在那里，女人以她们的智慧和风格领导沙龙；在那里，男人热爱交谈与艺术；在那里，将生命奉献给欢愉不仅可能，还会受到赞赏。

当然，在那时，我对南西·米特福德那套哲学的来源毫无所知。不过，如果有人问我，我能立刻罗列出这套哲学的一些特质：美、欢愉、无礼、世俗。这些特质远不同于教会学校那套自我否定的观念。

南西·米特福德代表了一个全然激进的观点：人生并非理当受苦或牺牲，甚至无关工作或学习。她描绘出一种将日常生活转化成艺术形式的生活模式。她刻画出“生活的艺术”。而巴黎，正因此与她结下不解之缘。

当绿灯一亮、公交车启动时，我心想，有一天我要弄清楚这

[1] 社会风情喜剧（comedy of manners）：十八世纪兴起，讽刺某社会阶层风尚的社交喜剧。

一切。

在南西·米特福德虚构的世界中，巴黎是每个女孩美梦成真的地方。她笔下最出色的女主人公都是在巴黎找到了她们命中注定的真爱，包括《恋恋冬季：天涯追爱》里的琳达和《恩赐》里的格蕾丝，乃至于《别告诉阿尔弗雷德》里那个平凡的范妮，也都嫁到巴黎成为英国大使的妻子。现在呢，还有我，一名来到巴黎的澳大利亚女子。然而，我不是来追寻真爱的，我是来找南西·米特福德的。

我在南西·米特福德曾经住过的那条街上漫步。这条街叫作男士街（rue Monsieur），南西·米特福德常戏称它为“先生街”或“街先生”，位于肃穆的第七区，亦即富博圣日耳曼区。我站在七号房子其貌不扬的庭院围墙外，从其中一侧望去能看到埃菲尔铁塔，从另一侧望去则能看到路易十四的巴黎伤兵院（Invalides）那耀眼的屋顶，沿这条路走下去就是罗丹美术馆。转角的宝塔戏院（Pagoda）是一家颇具中国风格的电影院，透着几分奇特的情调。圣日耳曼区在十七世纪末叶与十八世纪时兴起，当时贵族搬离玛黑区迁居到此，以便较接近通往凡尔赛宫和太阳王路易十四的路径。这一带的住家围墙都很高、很肃穆，一副不欢迎观光客逗留的模样。这一区没有人来人往的咖啡馆，也没有舒适惬意的小酒馆，排外而拘谨，僻静而冷峻，是巴黎传统的极致表现。

但对我而言，这地方却不是如此。因为，这里的每块砖头甚至连这扇沉默的庭院大门，似乎都在大声地诉说着南西·米特福德的故事。这扇门后有一座十八世纪的凉亭，1947 年至 1967 年间，南西·米特福德住在这里的一楼，住处与庭院相通。我从照片与文字记录中得知，她的住处不大，也不豪华，但装了几扇精致的纱门，收藏了一些古董，也有鲜花点缀。就在这里，身形纤细的南西·米特福德穿着迪奥洋装、戴着珍珠项链，直挺挺地坐着，方正的手掌里握着一支长笔，以清晰的笔触写下她的著作与信件。她是一个单身的职业女性，也是一名艺术家——虽然她自己极力回避如此做作的称号。有时候，小区里的孩子们在庭院中玩耍吵闹，分散了她的注意力。有时候，她因为眼睛痛而必须停笔。最常发生的是，朋友们打电话来闲聊，中断了她的思绪。我心沉浸在想象中，眼前的庭院大门骤然打开，仿佛要把过去活生生地带到我面前，原来是一群漂亮的法国小朋友又叫又笑地冲到大街上。我瞄了一眼庭院里的鹅卵石和白色窗户，大门再度关上，街道重归寂静。

这扇大门曾经为了迎接好些大人物而开启。南西以小型的晚宴和午宴娱乐大家，伊夫林·沃是常客，英国首相艾登[1]、艺评家贝尔[2]、摄影大师比顿、音乐工作者诺埃尔·科沃德、米特福德姐

[1] 艾登（Anthony Eden，1897—1977）：英国政治家，于 1955—1957 年间担任英国首相。
[2] 贝尔（Clive Bell，1881—1964）：英国艺术评论家，曾与弗吉尼亚·伍尔芙的姐姐结婚，为当时美学形式主义的重要倡导者之一。

妹中的另一位成员黛安娜·莫斯里·米特福德，乃至于无数的法国贵族和知识分子都是这里的座上宾。虽然她的社交生活热闹非凡，她的书信里却也明白记录着她花了许多时间独处，如果她的女佣玛莉不在，没人为她做饭，她就什么也不吃——她得意地自称连水煮蛋都不会。

我发呆地盯着庭院大门，一位衣着整洁、头戴帽子、脚穿帆布鞋的老绅士散步经过，停了下来。

“你在找什么吗？”

“这个嘛，嗯，是啊。”我支支吾吾地说，“或者说，在找人。我想南西·米特福德住过这里？”老绅士挪了挪他的帽子。“她是一位英国作家。”我补充道。

“这个嘛，”他熟练地介绍，“我知道住在这里的电影明星。看到二楼了吗？还有我们一位最伟大的历史学家住在下面。再来，这条路的尽头那里，看得到吗？拉马丁[1]住过那里。”他望着对街一会儿：“这位英国来的女士写些什么呢？”

“爱情故事。”我说。

“啊。”他满意地笑了笑，“这里倒是有个爱情故事。你看到转角那家漂亮的宝塔戏院了吗？（是的，南西·米特福德在她的书信中提到过，那是她会去的电影院。）那是左岸好市集（Au Bon Marche）百货所有人布锡考特（Boucicaut）盖的。他很爱

[1] 拉马丁（Alphonse Marie Louis de Prat de Lamartine，1790—1869）：法国最早的浪漫主义诗人，最有名的作品为其自传体诗作《湖》（Le Lac）。

他的妻子，她是个时髦的美人儿，很想要一座中国风情的宝塔。为什么呢？不重要。布锡考特屈服于她一时的奇想，盖了一座给她。工程花了几个月，一盖好，她就和别的男人跑了，伤透了他的心。”

他停顿一下，做做效果，接着再说：“那是一个凄美的爱情故事，真的，叫人难过……”他又挪了挪帽子，沿着这条寂静的街道从容地漫步而去。

爱情是南西·米特福德的事业。她有三本著作的标题都出现了相关字眼：《恋恋冬季：爱在寒冬》《恋恋冬季：天涯追爱》和《恋爱中的伏尔泰》。

在南西·米特福德的小说著作里，爱情打破一切禁忌。比方琳达和法布西的恋情，他要她当他的情妇，不愿和她结婚。又比方格蕾丝和查尔斯-艾杜奥德之恋，后者到处寻花问柳，甚至每天和他的情妇之一“喝下午茶”。再来还有加拿大男同性恋塞德里克，他在《恋恋冬季：爱在寒冬》中以英雄之姿出现。到了小说的尾声，塞德里克和蒙特铎夫人及道格戴尔建立了一种暧昧的三角关系。

在南西·米特福德的非小说著作中出现的恋人还有更奇特的感情生活。路易十五正式的情妇蓬巴杜夫人并不十分热衷于性爱，路易十五于是成立一座私人妓院以满足自己的需求。伏尔泰与夏特莱侯爵夫人的恋情于后者难产而死时告终，她当时怀的是另一个男人的孩子；同一个时期，伏尔泰写了一封封情书给自己的外甥女。(你说这叫爱情？南西·米特福德答道：有何不可！)

南西·米特福德真实人生中的挚爱是法国男士高斯登·普洛斯基，二次大战期间两人于伦敦结识时，她四十二岁，婚姻不美满。战后，她抛下自己的人生，搬到巴黎以求接近普洛斯基。他是她笔下人物法布西和查尔斯-艾杜奥德的原型，是个聪明、虚荣、令人难以捉摸的男人。普洛斯基拒绝与南西·米特福德结婚，一开始她告诉自己那是因为她已婚，但离婚之后，情况很明显，普洛斯基根本就不爱她。于是她成为他的情妇之一，他们的恋情有着相当老掉牙的模式——她为了他，将友谊排到第二顺位，她在大庭广众下收敛起亲密的举止，她的时间表依他的方便来安排。这模式延续了好些年，历经普洛斯基在1969年与一名法国贵族的婚姻，一直到她于1973年过世为止。

如果我有朋友打算像南西·米特福德那样度过自己的人生，我会觉得有义务从好姐妹的立场力劝她别把生命浪费在一个一无是处、脚踏两条船、卑鄙下流、不值得她爱、彻头彻尾的大浑球身上。

但是，如果我的朋友有一丁点儿像南西·米特福德，那不管我说什么都起不了一丝丝作用。南西·米特福德很清楚人们会怎么想，她并非毫不介意。在给伊夫林·沃的信中，她写道："我猜，你认为我是个荡妇，而我那不朽的灵魂如今已沦陷了吧？一个星期大概会有一次，每次几分钟，我担心你会这样看待我。”

南西·米特福德接受身为一个玩弄感情的法国男人的候补情妇地位，但她的朋友多半不能苟同。他们认为她有一种可悲的、飞蛾扑火似的浪漫情怀，隐藏在她笔下一如香槟泡沫般华美的文字背后。我觉得他们恐怕错了。

在我看来，人生中没有多少东西能比别人的感情世界更为莫测高深了——除了我们自己的感情之外。南西·米特福德和普洛斯基的关系到最后乃至于告终之后，都令人大惑不解。她的妹妹黛安娜说："她的一生快乐而充实，但说真的，她人生中唯一的差错就是那些男人。那些男人无可救药。”

南西·米特福德显然不是她那个时代的女人，但也并非超前那个时代，而是一位古典主义者。她所看齐的传统是前浪漫主义的，这也说明了她何以会为伏尔泰和蓬巴杜夫人等十八世纪人物作传。她拒绝现代浪漫的爱情概念——反社会的倾向、个人主义式的自恋、中产阶级式地着重婚姻、生儿育女和循序渐进的必然过程。她想要颂扬古典的爱情——严肃庄重、不大肆张扬、不感情用事、深沉，而且绝对与婚姻或生儿育女无关。

这里是《恩赐》的一段引文，相当英式的格蕾丝被介绍给她的法国姻亲，包括查尔斯 - 艾杜奥德的祖母。

“那个老男人是谁？”

“德拉波利先生吗？我奶奶的情人。”

“情人？”格蕾丝大吃一惊，“她不会太老了吗？”

“年龄和爱情有关系吗？”查尔斯-艾杜奥德一脸讶异，格蕾丝只得说：“喔，我只是在想……无论如何，这或许没什么。”

他大笑道：“你实在很英国。这四十六年来，德拉波利先生每天都来看我奶奶，想必这当中终究存在着爱情。”

南西·米特福德是从历史场景中直接抓了这可爱的一幕出来。

1662年，日渐年迈的拉罗什富科爱上了青春正盛的拉斐特夫人。一直到他1680年过世之前，他每天爬过左岸的山丘，从波拿巴街到沃吉亚街来他的情妇这里。在拉斐特夫人舒适的沙龙中，他们一同钻研他的箴言、琢磨她的爱情短篇《克莱芙王妃》（La Princesse de Clèves）——三百年后，南西·米特福德将这部作品译成英文。这对伴侣从不在公开场合表现他们的情感或流露一丝丝对彼此的依恋，但他们天天在一起。塞维尼侯爵夫人的堂兄比西-拉比旦是他们的朋友，针对这段关系，他说：“在这当中**终究是有爱情存在的**。撇开年龄不谈，从教会的立场来看，仍有什么其他因素是如同那份爱，不见容于世的。”

这个故事对南西·米特福德而言很重要。不论运用在小说创作，或是在真实人生中提起，她都将之陈述了许多次。对她而言，这段恋曲代表了古典爱情故事的完美化境。拉罗什富科的那句“世上有好姻缘，但没有愉快的婚姻”想必能深深地引起她的共鸣。

在南西·米特福德 1967 年搬到凡尔赛之后不久，她被诊断出患有淋巴瘤，这意味着要长年与难以忍受的疼痛与无数次的手术为伴。随着病情加剧，她停止与大多数的客人会面，转而偏好通过书信往返维系友谊，普洛斯基是少数她会见的人之一。

某天早上，这位关系持续将近三十年的情人突然有种强烈的直觉，于是赶忙从巴黎前往凡尔赛，就在南西·米特福德失去意识前一刻抵达。他坐在南西旁边，执起她的手。他认为他看到她笑了。普洛斯基是最后一位见到她的人。

对南西·米特福德全然古典的爱情故事而言，这结局再合适不过。

我沿着男士街散步下去，在对街，刚刚那位老绅士走了回来。彼此经过时，我们互相鞠躬微笑。

“我们要去的是一座宫殿。”瑞秋强调，“是‘宫殿’耶！这些人干吗打扮得像是要去野外健行？”

瑞秋和我正坐在前往凡尔赛宫的火车上，坦白说，眼前的景象可不是这趟旅程令人振奋的开始。这些美国大老粗让人看得目瞪口呆——穿着一身超细纤维运动套装和巨大的运动鞋，要做什么？

“说不定他们以为会需要直升机救援，”我说，“穿得荧光闪闪比较容易被找到。”

“那，”瑞秋问道，“为什么要背那么大一包像装了一个月补给品的笨重登山包？”

我曾经读过一则有关汤姆·克鲁斯和妮可·基德曼的新闻。在他们举世皆知的辉煌婚姻早期，汤姆·克鲁斯曾有个浪漫得无以复加、豪华得可比好莱坞式音乐剧《太阳王》的创举——他包下凡尔赛宫一天。据报道，这对璧人手牵手穿过花园和宫殿，就他俩而已，不受打扰，不用排队，没有摊贩，也没有登山包挡住视线，只有他们灿烂的完美笑容和凡尔赛宫的富丽堂皇。我记得自己当时一阵酸楚，眼红于他们享有亲近美与历史的特权之余，也势利地发牢骚，觉得以他们的无知实在配不上这一切。

不过，我现在想：这对璧人又岂能料到，凡尔赛宫的主殿乍看之下其实颇令人失望，远不如你所期望的雄伟壮观。而且，巴黎肯定有更美的地方，比方说玛黑区的苏比斯府邸（Hôtel de Soubise），更能让人一窥十七世纪的贵族生活。走在凡尔赛宫里，空荡荡的房间、破裂的镜子、凹凸不平的地面让人觉得蹩脚。至少，在主殿是看不到观光客心中渴望见到的那种会让平民百姓起而推翻贵族的穷奢极侈。

空无一人的凡尔赛宫哪还叫凡尔赛宫？从士兵、交际花、上流人士、看得入迷的外国人到慕名而来的瞻仰者，凡尔赛宫全部的重点就是群众；一如汤姆·克鲁斯和妮可·基德曼，太阳王也需要观众。我一面想，一面经过门口的非洲小贩、满游览车的德国观光客和那群美国登山客。昔日，世人从各地来到凡尔赛宫，对太阳王的权力光环献上敬意，至今依然如此。

瑞秋和我这回不打算做一般的观光。三天前，我打电话报名了一个被我们戏称为情妇闺房搜秘的“路易十五私人套间之旅”。我打电话去时，对方很客气，也很称职；我仔细确认自己明白她的说明，也仔细确认她明白我所说的。为了确认无误，也许我请她重复日期和时间太多遍了，但整体来说，我想我的法文不算太差，应该说，一点儿也不差。

显然她不这么认为。

“小姐，您要明白，导览全程以法语进行，您不会有任何机会以英语进行任何讨论。”

“好的。”我说。

“您将遵照指示跟随参观队伍。”

“好的。”我说。

“您不会有机会问任何问题。”

“好的。”我说。啧！

要在入口处找到我们的队伍并不难。这一队的男男女女比那些登山客平均少了五公斤的行李。小姐们穿着轻便的风衣，脖子上系着丝巾，脚上穿着合宜的休闲鞋，手里拎的是一点儿也不夸张的手提包，一头短发光滑而整洁。先生们都穿着合身的外套。瑞秋和我发现我们身处务实、朴素、得体的法国中产阶级行列中，导览员也是一名端庄、有教养的法国女子。导览开始，我们乖乖地默默跟在队伍后面，经过事前那通电话中的耳提面命，瑞秋和我决定要像隐形人般融入这群人当中。

我们的第一站是一件雕刻作品，主题是著名的“紫杉木舞会”。在这场舞会上，太阳王引诱珍妮·安托瓦妮特·普瓦松上钩，她也就是日后的蓬巴杜夫人。导览员告诉我们，舞会于1745年2月举行，珍妮年方二十四。太阳王为这场化装舞会设计了一个独特的浪漫计谋。他和其他七名男士脸上戴着巨大的面具，形状貌似修剪过的紫杉木，每个人都知道太阳王就躲在其中一张夸张的面具底下，趾高气扬地在会场里穿梭，但没办法辨识是哪一个。正当他的同伙成功绊住一名女爵的同时，太阳王一个箭步，把美丽而优雅的珍妮拉到角落里，这就是那段一直延续到二十年后她过世为止的恋曲之始。

我不禁莞尔，一方面是因为导览员正经八百的解说，一方面也是因为这个荒唐的故事本身。瑞秋一面观赏这件雕刻作品，一面暗自窃笑，但其他人只是严肃地点着头。显然，即使是在一张两英尺长的面具底下进行，国王的情史也不能被当作笑柄。

现在我们登上了通往私人套间的阶梯，然后经过一连串迷人的小房间以及房间里的房间。这些房间很明显是为了居住而建造，不是为了做做样子。房里有赏心悦目的金色和白色木头镶板、镀金壁炉和金色的拼花地板，四处散放的一件件家具是那个时期遗留下来的精美艺术品——镀金的黑漆餐桌，镶有色彩细腻、正要展翅翱翔的鸟儿，满是玫瑰花图样的精致绒椅，像一束花朵般芬芳宜人的花瓶。随着蓬巴杜夫人的入住，这儿成为凡尔赛宫新的中心据点，画商、哲学家、旅人、艺术家、建筑师、工匠、音乐家、传信人纷至沓来，涌入蓬巴杜夫人这些舒适而亲密的房间。时不时地，太阳王会现身，众人便深深一鞠躬，赶忙回避，稍晚再回来。克洛伊公爵原以为自己会反对这位中产阶级情妇，不料却深深为她着迷："不管是相貌还是性格，我都觉得她很有魅力，盛装打扮的她再美丽不过了。"在蓬巴杜夫人的推波助澜下，伏尔泰在太阳王跟前坐上史官和士绅的位置，不只有利可图，还握有影响力。他说："对国王的情妇说几个字，胜过写百卷书。"

我们的法国导览员以主日学校老师那种端正规矩的态度为我们讲述蓬巴杜夫人神奇的一生。队伍里的成员们点着头，若有所思地以手撑着下巴。

我们从蓬巴杜夫人的房间来到杜巴利夫人（Madame du Barry）的房间。当时的人有时会说蓬巴杜夫人不知检点，但杜巴利夫人才是名副其实的荡妇。她在巴黎远近驰名，好些宫廷中人都是她的床上宾。据传，1768 年，疲倦的路易十五在镜厅瞥见了杜巴利夫人。他传唤她，她做出了出人意表的事情——深深地行了屈膝礼，然后吻了路易十五的嘴唇，深邃双眼里满是淘气的笑意。

我们信步穿过她的房间时，导览员说她出身虽低，后来却成为颇具文化与涵养的女士，为法国的辉煌又平添几许光华。参观队伍严肃地点头表示同意，但证据显示的事实却不然。

我们看到了那间小巧精致的图书室，发现图书室的唯一用途是为了掩饰通往国王房间的密道。我们看到了杜巴利夫人那砌了瓷砖的英式浴室，她在里头会待上个把钟头，这也说明了她的美貌从何而来——其他的宫中女子都擦了粉、上了妆、喷了香水，而她只是简简单单地散发着干干净净的魅力。金发、白里透红的肤色，还有最重要的，她那双眼睛。宫中的一名英国访客曾如此直率地形容这位国王的新欢："她的眼眸是一种活灵活现的淡蓝色，有着我所见过最淫荡的眼神。"

接着，我们经过一座卧姿雕像，这是以白色大理石雕成真人尺寸的杜巴利夫人裸体像。她躺在玻璃箱中镀成黑色的基座上，路易十五的这位情妇看起来很像色情版的白雪公主，坚挺的胸部、弧度完美的臀部、凹凸有致的腰身……就连绕覆着她身体的石雕丝织品都显得曲线玲珑而春色荡漾。这是一座相当写真的雕像，我们的参观队伍经过玻璃箱时肃穆地低声说话，没人露出会心一笑，没有唐突的评语，甚至没有人赞赏作品主角对于自身肉体满满的信心，也没有人赞赏大理石的外形之美。

我想告诉瑞秋，杜巴利夫人文化涵养之匮乏，一如蓬巴杜夫人文化涵养之丰富。她是一个贫乏、粗俗的女孩，她对艺术、建筑或文化一无所知。她不像蓬巴杜夫人会阅读严肃书籍或弹奏音乐。她何必假装呢？但话说回来，她心地好得不寻常、待人和气得没话说。所有的记载都显示你可以放心把自己交给杜巴利夫人那颗温柔的心和她经营友谊的天赋。

然而，我们的参观队伍仍旧保持肃静。

大家都知道澳大利亚人对自己的历史不以为意，而澳大利亚历史确实也缺乏令人敬畏之处。毕竟，我们这个国家的故事并不长，往往又很野蛮，而且有几分不确定性存在。如果不加以嘲笑，恐怕只能对着它哭吧。法国人的态度肯定相当不同，他们背负着那么悠久而复杂的历史，得要支持、捍卫这崇高的国族故事。为了“辉煌”二字，就连小淘气杜巴利夫人都得被塑造成一个可敬的形象。

导览接近尾声，瑞秋和我终于松懈下来。正当我们彼此蹭来蹭去快要笑出来时，参观队伍里的一位成员走了过来，令我们吃了一惊。

“你是那位澳大利亚人，是吗？”她以英语问道。

“是的。”我说。

“我是芙尔迪教授，我们通过电话。”

她微微一笑，我突然在她柔和的棕色眼睛里看到一抹幽默的神色，领悟到这一路她都在看着瑞秋和我乖巧的表现。

“真的太谢谢你了，”我们说，“导览很棒，很有趣。”

“下次再来凡尔赛宫，别忘了打电话给我。”她说，“要再来喔！”

这位法国女士的魅力很微妙，先是自持、沉着，而后是让人感到出乎意料的温暖宜人。

人们说，法文是爱的语言，法兰西民族是一个浪漫的民族，法国人是世界上最伟大的情人，此一传统也延续至今。但这样的说法不全然为真，至少并不完全如人们所认为的那样；毕竟，这个民族的语言里，“妓女”的不同称呼比其他我所知的语言都多，一如《纽约客》杂志二十世纪三十年代的驻法记者珍娜·法伦农所说，这当中每一个称呼都有“精准的职业等级”。这些称呼包括了cocotte、horizontale、grisette、demimondaine、courtisane、demi-castor、dégrafée、irregulière、femme galante……

在某些时期，这些称呼的定义令人眼花缭乱、模糊不清。底层的妓女一跃而为顶层的交际花，国王最爱的交际花更是跃居社交阶级的顶端，享有maîtresse en titre（正式情妇）的头衔。我必须说，从妓女到情妇一步步的进程，让人不得不以截然不同的态度看待外遇这档事。

若要说法国的情欲文化有什么特别，可以说它有着相当务实的层面。1898年，在蓬巴杜夫人先前的巴黎居所爱丽舍宫，福尔总统死于与情妇做爱之际，但这个国家并不为之感到困扰。1996年，密特朗总统的国葬上，来悼念他的不只有他的妻子，还有他的情妇与私生女。人们会充满感情地纪念最伟大的交际花。巴黎的摩里斯大饭店里有华丽的蓬巴杜沙龙厅纪念蓬巴杜夫人，熟食店兼食品供货商“杜巴利女爵”[1]，纪念的则是永远屈居第二的

[1] 杜巴利女爵（Comtesse du Barry）：法国百年食品老店。

交际花杜巴利夫人。

再来，当然还有大批歌颂风尘女子的艺术品。普契尼的歌剧《波西米亚人》是根据穆杰（Henri Murger）十九世纪三十年代以巴黎波西米亚人为题材的小说《波西米亚人生活即景》改编而成，女主人公咪咪是一位患有肺病的裁缝师，不论是为了爱还是为了金钱，她都可以献出肉体。小仲马的小说《茶花女》，将一样患有肺病的娇贵交际花玛格丽特·杜普莱西丝化为不朽的人物。

柯莱特的小说《紫恋》与《琪琪》讴歌的对象是美好时代[1]的交际花，像是“美丽佳人欧提萝”和“一代名妓莲妮·珀姬”。柯莱特始终偏好生命力旺盛的贪得无厌者，或说能够生存下来的女人。在柯莱特的音乐厅生涯[2]时期，一回，欧提萝将她拉到一旁对她说：“孩子，你的气色不太好。别忘了，在男人的一生当中，就算他是个紧抓着钞票不放的守财奴，也总有松手的时候。”“是……他被激情冲昏头的时候？”“不是，是你用力扭他手腕的时候。”

或许南西·米特福德的《恩赐》对法国人的性爱观下了最佳注脚。故事里，一个法国女人和一个美国人有段对话：“‘这个嘛，或许你可以告诉我们，’罗契尔夫人说，‘在一个没有妓女户的国家，年轻小伙子要从哪里找经验？’”

根据我的朋友安洁（她抽样比较过的男人可谓相当国际化）

[1] 美好时代（Belle epoque）：十九世纪末至第一次世界大战前，欧洲的太平盛世。
[2] 离婚后的柯莱特在巴黎的音乐厅展开职业生涯。

的经验，法国人的名声绝对名不虚传。她说，她所有情人中最好的一个是在越南的法国人菲德烈克。

“告诉我为什么。”

“他……很性感。”她说，“认识他之前，我不喜欢随音乐做爱。可是他喜欢，而且他把做爱变得好像在跳一支舞似的。再者，他会说话。”

“说话？”

“你知道吗，就是在做的时候说些什么。”她说着又前言不对后语地补充了一句，“他爸妈是心理分析师。”

“他会说一些……”她继续说下去，语调里有一种梦幻的感觉，“很挑逗的话。到了最后，他会做一件别的男人从来没做过、也不会做的事。”

“什么事？”

“他会说：‘够了吗？还要吗？’”

“喔，”若要说我被打动，还不如说我一头雾水，“那……你还要吗？”

她瞪我一眼，我换了个问题：

“他人好吗？”

“他是个彻底的浑蛋，”她激动地说，“后来我发现他和河内一半的女人都上过床，包括一个越南妓女。不过他……很性感。”

大约一个小时后，我脑袋里还在想着爱情、浪漫、激情与务实主义。瑞秋和我来到同样位于凡尔赛的阿尔图瓦街（rue

d’Artois）四号。这里是南西·米特福德生前最后的住处，她买下这里作为临终之地。这地方很简朴，是一栋狭长的白色房屋，顺着阳光的角度建造。告示牌就在眼前了，我曾经看过一张揭牌仪式的照片，南西的姐妹们一身黑衣，闷闷不乐地站着。现在，这块牌子有点褪色，也有点脏了，看似不再有人对它感兴趣。我们绕到后头去，隔壁有一所学校，小朋友玩耍着。在南西的花园里，阳光轻轻洒在摇晃着的小草、春花和栗子树上。

“有点感伤，是吧？”瑞秋说。

“不会啊。”我捍卫着什么似的说。

情妇往往是脆弱、凄楚的，更是孤独的角色。但对一个像南西·米特福德这样的女人而言，要说她在这件事情上别无选择，或她没对这段关系和后续发展做出抉择并不公平。一如南西的妹妹黛安娜的洞见：“我想她希望能和他结婚……不过如果真的结成了，也行不通……我认为她自己一个人过日子就很完美了。”

1949 年，南西·米特福德写信给友人：“他（伊夫林·沃）严厉地批评我的书（《恋恋冬季：爱在寒冬》），但出版商预期它会成为下一本畅销书，坦白说，这才是最重要、也是我最在意的，因为如此一来，我才能继续住在这里。伊夫林说这书本来可以是一件艺术品，是的，但我在乎的恐怕只是此时此刻能否和我的上校在一起。”

洋洋得意地谈着一本可能畅销的书，听起来或许很肤浅，但南西绝非毫无深度。她那时仍为求经济上的自由与生活上的独立而努力工作，务求真的能够享受“此时此刻”以及那段对她而言至关重要的恋情。我认为，南西·米特福德搬到凡尔赛的举动，是她将古典美德发挥到极致的表现。这也是何以她选择了凡尔赛，因为这里不只是一座贵族之城，还是代表法国出征的战士的家乡，更是一座将时间奉献给追求欢愉的城市。

有趣的是，结果证明《恋恋冬季：爱在寒冬》真的是一件艺术品，南西·米特福德也真的得以继续住在法国，直到过世为止。并且，在一个又一个的“此时此刻”累积之下，她活出了美丽的人生。

南西·米特福德描写各式各样的爱，但有一种她无缘体验，那就是母爱。

一开始，她完全希望能照着常轨走。1938 年，她写信给友人：“我就要建立一个完整的家了，这不是很好吗？不过……不要告诉任何人……到头来可能是一场空，但我还是好兴奋啊！”随后，她就流产了。

1941 年 11 月，南西写信给妹妹：“亲爱的黛安娜，谢谢你那些可爱的葡萄，你真是我的天使，葡萄对我益处良多。这段时间我过得很糟、很消沉，他们得把我两边的输卵管切除，我再也不能怀孕了。”接着，南西又立刻淡化了自己的悲伤：“我不能说我承受着巨大的痛苦，只能说实在不太好过。但亲爱的，当我想到你以及你脸上那十八针缝线（车祸所致），我的遭遇完全算不了什么。”

八年后，人在英国的伊夫林·沃和身处巴黎的南西·米特福德之间有一段微妙的鱼雁往返内容。1949 年 1 月，她开心地写信给这位老友：“日子太美妙了，只可惜天堂般的 1948 年已是过眼烟云……”他酸溜溜地回复道：“你这‘天堂’二字，用得还真怪啊！当然，在我的国家，我们无法享受到充斥你生活中的那些高贵服饰、餐点和化装舞会……”信中，伊夫林·沃并未提及或暗指南西没有子嗣的这件事。

但她自己做了这样的解读。“亲爱的伊夫林，别这么别扭，也请不要拿我不能生育来取笑，这是上帝的旨意，不是我的。你认为比起生在别的国家，生在这个国家不对吗？还是去参加舞会就不对？”

我反复思量这段对话。伊夫林·沃因为南西·米特福德的快乐而批评她，这一点很清楚。他明确地以言外之意暗示着“你怎么可以快乐”！她提出的反驳就是她不能生育，所以需要在人生中找寻其他的喜悦与乐趣。在伊夫林·沃这个供养一大家子的虔诚天主教父亲眼里，这些乐趣可能是轻浮浅薄的，但指责她没有孩子仍然过得精彩则不公平。

我也反复思量着。当今许多女性或许不自觉地，持有与伊夫林·沃同样的观点，认为没有子嗣的女人是不完整的，或说她们不是真正的女人，而是没有根、没有依归、没有重心的存在。

我所欣赏的女性中有许多人从来不曾生育：南西·米特福德、伊迪丝·华顿、德梵夫人、香奈儿。其他的虽然生过，但孩子在她们的生活中只占了次要的地位：荷坦丝·曼西尼逃离丈夫时抛下了四名子女，蓬巴杜夫人有一个女儿，但在她开始和国王私通以后就很少和女儿相处，柯莱特和第二任丈夫育有一女，但把她送给别人抚养，只和她共度暑假。相形之下，拿破仑的约瑟芬则是一位牺牲奉献的母亲，她是两个孩子的妈，过世时死在儿子满怀爱怜的臂弯里。然而，这些女性都不会以母亲的身份来定义自己，也不认为生儿育女的经验能让她们变得更完整圆满。

当今人们常把“拥有一切”挂在嘴边，丈夫、工作、孩子缺一不可。这残酷地暗示少掉其中任何一种经历都会在人生留下永恒的遗憾。然而，就像多数人一样，南西·米特福德并未拥有一切。她优雅地接受了现实，把握住她所能拥有的，并且发挥得淋漓尽致。

一身名牌

无关物质生活的独特艺术品就是一个国家的脉搏。所以，当巴黎的帽子那么可爱、那么法国，又满街都是的时候，法国就不会有问题了。

——格特鲁德·斯坦

我不太确定用法文该怎么说。是“我想做法式指甲彩绘（French manicure）”吗？可是法国人自己是这么说的吗？如果就像“保险套”这个词的情形一样呢？英文俚语称保险套为 French letters（法国信封），法文俚语却称保险套为 capotes anglaises（英国绅士帽）。

此刻，我人在香榭丽舍大道的娇兰美甲室。前一分钟我还在炎热、宽阔的大街上，下一分钟我就爬上嘎嘎作响的木造阶梯，走进另一个世纪。往上，再往上，我嗅着刺鼻的灰尘味道，鼻子痒痒的。现在，在一张张沙发之间，我别扭地窝在一张褪了色的高脚长靠椅里。穿着过时的女人从镀金画框中低头看我，她们的大鼻子也指着我。玻璃柜里收藏的一系列娇兰经典香水瓶为这里更添复古风情，就连透过高高的窗户筛进来的阳光，都好似很古老地散发着霉味。

一个娇小女子推来一车工具，大模大样地走进房间，在我面前坐定。她不疾不徐，等到完全准备好才抬起头，沉着地说：“早安，您好。”

显然这里不是悉尼那种名堂一大堆的美甲室。这里既不会把你裹进长袍，也不会点芳香精油或播放新世纪音乐，好像在对待疗养院里特别危险的精神病患似的。在巴黎，美容不是心理治疗，而是生意。

结果是叫“法式美甲（French polish）”。首先用淡粉红色的透明指甲油覆盖整片指甲，当作打底，然后再来一层一样的。干了之后，接着细腻地涂一点厚厚的白色指甲油在指尖的弧形区域，整个过程得花很长的时间才能完成。我的美甲师显然是高手，工作时有着满满的自信。等指尖干了之后，要在整片指甲涂上好几层透明指甲油，直到完全定型，变得硬邦邦的。于是，指尖的弧形区域白得比白色还白，指甲根部则显得粉粉嫩嫩，很健康。虽是长时间的人工所为，结果却是加倍的自然美，初看起来毫无人工痕迹，仔细端详，又有一种大自然所不可能达到的自然境界而更具美感。

说不上来为什么，这样的自然境界在我看来“很法国”，相形之下，也让我怀疑自己涂了这么夸张的鲜红色口红是不是明智之举。这么红绝对不自然。

美甲师就要帮我收尾了。我的双手又滑又嫩，指甲亮晶晶。一件艺术品大功告成，“现在，你的门面好好打理过了。”她舒了一口气说着。法国人说 Les petits soins，意思就是悉心照料小地方。**在巴黎，小地方至关重要。**

以巴黎为题材的好莱坞电影中，我最爱的可能要属《甜姐儿》[1]了。但是必须警告你，这部电影的一大败笔，就是选了弗雷德·阿斯泰尔（Fred Astaire）这个老头来饰演奥黛丽·赫本的恋爱对象。

[1]《甜姐儿》（Funny Face）：在戏中，奥黛丽·赫本所饰演的角色乔（Jo），因崇拜法国实证主义教授福拉斯（Prof. Emile Flostre），希望能当面受教，而同意从美国来到巴黎进行时装照拍摄工作。

片中，赫本像只卑微的老鼠，在一家犹如洞穴般不见天日的书店工作，被阿斯泰尔饰演的知名时尚摄影师发掘；突然间，她就被带到巴黎拍摄时装照了。过程中她一度对肤浅的时尚圈产生抗拒，于是她来到一间烟雾弥漫的地下室，她所崇拜的福拉斯教授当时正主持一场小型座谈。此时，穿着散发知性美的黑色烟管裤、长袖高领衫和芭蕾舞鞋的奥黛丽·赫本诚挚得可爱，但我们都知道这维持不久，因为她真正想要的是穿上一件迪奥洋装，开心地在埃菲尔铁塔下转圈圈，放开手中那把庆祝用的气球。来到巴黎的书呆子女孩往往会有这样的转变——来的时候，你是个知识分子；走的时候，你成了时尚迷。

我步下阶梯，小心翼翼地把手举在面前。我的指甲真漂亮。

第一次走在蒙田大道（Avenue Montaigne）时，我很失望。当时我觉得这条街太“大”了，现在也没收敛多少。这条街除了让人得走很久，这儿卖的东西，标签上的数字也很惊人。这是一条时装大道，招牌上写着迪奥、香奈儿、伊曼纽尔·温加罗（Emanuel Ungaro）、莲娜丽姿（Nina Ricci）、华伦天奴（Valentino）……

服装是个有意思的玩意儿，不论我们穿了什么，都是一种自我表态。时髦或土气，昂贵或廉价，朴素、高调、奇装异服——我们的衣着是一则公开的讯息。我们无法决定自己的身高或眼睛的颜色，但可以选择我们的衣着；于是服装不只是反映了自我，更主动塑造自身在他人眼中的形象。小女孩玩打扮的游戏，练习当一个女人；成年女性也玩打扮的游戏，练习当自己心目中想要成为的女人，或说心中想要被认为是那样的女人。

法国人深谙个中道理。事实上，衣着曾经在政治上扮演着重要角色。在路易十四的宫廷里，贵族的身份依据服饰进行分类。旧贵族被称为 noblesse d'épée，意思是佩剑贵族，新贵族代君王行使行政司法职权，被称为 noblesse de la robe，意思是长袍贵族。普遍而言，衣着是各种社会地位的象征。凡尔赛宫的派对与舞会开放给各阶层的大众参加，只要求穿着得宜。

每当读到女性杂志上形容某位明星的风格“独特”或者“出众”，但她的服装其实只是将一般流行款式做了一点小改变，我总不禁失笑。事实上，我们全都穿着现代潮流的制服。说真的，这也没什么不好。那是一种表态的方式，表示我们同意接受这个时代的规约，共同生活在现代世界里。我们的服装在对彼此说着：“我就像你一样。我和你同在。”就许多层面而言，这和路易十四的时代没有太大的不同。

但有一点令人可喜的相异之处。在路易十四的时代，除非你很有钱，否则穿不起得体的衣服。今日的量产服饰则让大部分人只要愿意，多少都能跟上最新潮流。香奈儿是首位体认到时尚民主化的设计师，她不只接受这样的趋势，甚至主动拥抱它。她的作品广泛地被复制，让女店员打扮起来的模样不输给一位女公爵，香奈儿觉得这样很棒。“不能在街上看到的时装就不叫时装”，这是她的观点，也是她对时尚卓著的洞见。

在读过各种各样的香奈儿传记之后，我对高级订制服有了基本了解。我发现高级订制服之所以特别，是因为它融合了设计艺术与裁缝技巧。香奈儿会直接在模特儿身上裁制衣服，让布料随着身体的线条流动、弯曲。她尤其执着于袖子的剪裁，会将洋装与外套的袖子在腋下的部位剪得相当高，以求制造出上身纤细修长而手臂苗条的效果。同时，她精心塑造袖子的形状，让肩膀得以自由活动到最大的极限，所以不管就美观性还是实穿性，都相当理想。

读过书后，我仔细审视图里的香奈儿女装和我自己的套装外套。嗯，相形之下，我的衣服看起来像布袋，而且，穿着这身衣服，我看起来就像被罩了布袋。香奈儿之所以杰出，也在于她让自己的作品历久不衰；三十年前，她为自己做了一件小套装，三十年后，同一件衣服穿在她身上，看起来仍是一样美丽。她让时尚超越时空的限制，而让时尚变得**反时尚**了。香奈儿将一时的风潮化为恒久的风格。

望着这些高雅店家的橱窗，我看得出是哪些细腻裁工和细微设计让高级订制服如此特别，也贵得惊人。

伊迪丝·华顿只穿最好的衣服，她认为华服是一种艺术形式。她之所以喜欢住在巴黎，原因之一就是法国人的观点与她一致。她写道：

法国人看待艺术品的全面性，使得他们从根本上就认为女帽帽缘的弧度和罗丹大理石雕刻的曲线是一样的东西，或者，一名装潢师傅所挂上的窗帘和勒诺特尔[1]沿着一条大道种植的树木，同是美学的表现。

格特鲁德·斯坦更进一步阐述：

时尚是艺术与文学的一部分，这整件事情很有意思。两年前，大家都在说法国没落了、出局了、沦为次等政权了云云。我说我不这么认为，因为从战后至今，帽子还不曾像现在这么地多样化，这么地可爱，这么地法国。更有甚者，不只在高级店家，举凡有卖帽子的地方，到处都看得到美丽的法国小帽子。

我们不得不承认的是，当她在写这段文字时，纳粹德国正准备入侵法国。但话说回来，政治从来不是斯坦小姐的强项。

今日，时尚是这么地企业化与商业化，我不确定它是否还等同于艺术与文学。然而，这个世界总会时不时地冒出一位伟大的艺术家，以美丽的衣服成功装点曼妙的躯体。1998 年在巴黎歌剧院举行的迪奥时装秀上，约翰·加利亚诺（John Galliano）的巧手设计让服装和气氛都如此精致讲究，观众纷纷感动得流

[1] 勒诺特尔（André Le Nôtre，1613—1700）：法国园林建筑师，1645 至 1700 年间担任法王路易十四的园艺设计师，负责凡尔赛宫内的庭园建造与设计。

下眼泪。

南西·米特福德不曾费心分析服装的社会功能与美学价值，只是纯粹欣赏它们，她尤其欣赏迪奥先生的作品。他的工作室就在这里，蒙田大道三十号。“你听过‘新风貌’系列吗？”她写信给英国知名诗人薇塔的堂弟艾迪·塞克维尔·韦斯特道，“把屁股垫得翘翘的、腰身收得细细的，裙子要长到脚踝才好看。”她也写信给她母亲：“我买了一件漂亮的迪奥洋装，日常穿的，底下有硬箍衬裙撑起来。我觉得自己好像维多利亚时期的淑女，穿这种裙子是为了把便盆藏在底下上厕所（好不方便啊）！我穿着它上街，从路人的眼光可以清楚知道它有多耀眼。”

1951 年，花了一大笔钱买了迪奥典藏秋装之后，南西·米特福德向伊夫林·沃忏悔道：

我跑去订了迪奥有史以来最朴素的羊毛小洋装，要价 168 英镑。这是最后一次了。我谦卑地询问他们可否帮我去掉八英镑的零头，他们却高声说我已经很幸运了，下星期所有的价格都要调涨。他们让我觉得自己真是精明得没话说，可是之后我却产生罪恶感，世上有这么多穷人，像我这样恋衣成癖真是太过分了！

今天，就算指甲涂得漂漂亮亮，我也不敢试着走进迪奥的店里，生怕哪个店员会不期然给我一顿羞辱。南西·米特福德曾轻快地写到有两位英国女爵被这家店拒于门外，因为“门口的店员认为她们太寒酸”。这看法其实不公平，一般而言，法国店员虽然带有法国式的距离感，但给我的感受都是十分殷勤的。1.66 米的身高、屁股有肉、胸部也有肉的身材，让我在巴黎买衣服往往会碰到问题，法国女人以及为她们而设计的衣服一般很娇小，屁股没什么肉，胸部也很平坦；这里的衣服很漂亮，但我不能穿，意大利时装才适合我，意大利人知道怎么为有曲线的女人量身打造。

在这些华丽的女装橱窗之间，一家小小的精品店坐落在一个晒得到阳光的转角，洛可可风格的水晶灯在店内闪耀着，这里是卡朗香水[1]专卖店。我望着橱窗里装满琥珀色液体的玻璃瓶，像是魔法药水瓶一字排开。瑞秋告诉我，有个朋友曾请她帮忙在这家店买香水，她站在这些瓶瓶罐罐前，香水的名字好似人们的心愿，例如“N'aimez que moi（只爱我一人）”，还有“French can can（法国康康舞）”。她看着皮包里的纸条向店员指明她要什么，店员意兴阑珊地拿了一个小瓶子到香水桶的注阀下方，她们一起看着“Tabac Blond（塔巴克金发）”这一款香水的金色液体一滴滴注入瓶子里。店员接着亲切地报了价，价格贵得离奇，瑞秋觉得脑袋里的血液仿佛一点一滴被抽干，只不过抽干的速度比香水滴进瓶子里的速度快得多。之后她得去附近的餐厅喝杯香槟才平复得过来。她频频检查皮包，以确认那只小小的香水瓶盖子是否

[1] 卡朗香水（Parfums Caron）：法国老牌香水商，创立于 1904 年。

盖紧。

不同的文化看待个人装扮会有不同的切入点。就女性之美而言，巴黎仍旧是西方文化观点的中心。女人从世界各个角落来到巴黎这座总部，接受女性特质的洗礼。在这里，巴黎提醒我们全球共通的标准是什么，为了达到标准，我们采取必要的改造行动——买一件新衣、来一场艺术的飨宴、沿着塞纳 - 马恩省河走长长的路、在露天咖啡馆看人与被看。啊，是的！这就叫作当女人。

对一个来自澳大利亚的女人而言，这样的巴黎精髓体验存有另一种意义。当澳大利亚还是殖民地时，“会打扮的女人”意味着机智风趣、享受人生的社交圈女子，这样奢侈的概念是移居殖民地的白人所无法企及的。女人被当成囚犯带到澳大利亚，随后则被当成用人。1800 年，当拿破仑的约瑟芬欠了一笔笔订制衣服的账单、为马尔梅松城堡花园种下玫瑰花，而斯塔尔夫人正玩弄着她的丈夫与情人、主持巴黎最有影响力的沙龙时，澳大利亚的白人女性却在做牛做马地挣扎着要生存下去。

此外还有另一件事，一件微妙的事。今天的悉尼是世界变装癖之都之一，男人在这里穿得像女人一样奢侈、华丽、戏剧化以及——是的，妖娆。我住的那一区将成为悉尼同性恋大游行的举办地点，看到十五个大男人戴着假发、穿着粉红色芭蕾舞裙在游泳池一端搔首弄姿地拍照，我算是开了眼界。我所认识的澳大利亚人中，最懂得运用化妆的神奇力量的，要属一位身高 2.1 米、有皮肤问题的变性朋友。凯莉·米洛（Kylie Minogue）曾说，她觉得自己是一个高大的变装皇后，只是藏在娇小的身躯里。这话说得太妙了。这种情况仿佛在说我们澳大利亚女人与机会失之交臂，无法在澳大利亚的土地上成为善于装扮的那一个性别；装扮这件差事被男人接管了。

莎士比亚笔下的女子，例如鲍西娅[1]和罗莎琳德[2]这样精彩的角色，女扮男装地指点男人一些事情，好让他们变得更为睿智，比方说，鲍西娅揭示慈悲的本质。这让我从不同的观点看待澳大利亚的变装人士、或是由拜瑞·汉普夏饰演的奇形怪状、惹人注目的埃弗雪治夫人[3]，以及帕特里克·怀特（Patrick White）晚年的小说《特莱庞的爱情》（The Twyborn Affair）。怀特这部饶富诗意的作品主题不仅是关于变装癖，而且还探讨外观与内在身份的认同关系。或许澳大利亚男人男扮女装是为了教导女人一些事情？这么说好像有点太过牵强。

我还满享受这段沿着蒙田大道的漫步沉思之旅，但我不是真的为了汲取法国女性特质的精髓而来。沿街所见的时髦女子多半是外国人，她们摇晃的脚踝透露出些许急切的气氛。法国风格真正令人赞赏的一点，在于法国女人并不参与这场昂贵、

[1] 鲍西娅（Portia）:《威尼斯商人》女主角。

[2] 罗莎琳德（Rosalind）:《皆大欢喜》女主角。

[3] 埃弗雪治夫人（Dame Edna Everage）与拜瑞·汉普夏（Barry Humphries）: 拜瑞·汉普夏是澳大利亚知名喜剧演员，埃弗雪治夫人是他扮装饰演的一名家庭主妇，也是他最为人所知的角色。

难以对付的现代时尚竞赛。裙子长或短、裤子松或紧、细高跟鞋、荧光绿、袖窿开衩、束腰宽版皮带——无论流行是什么，法国女人都无意随波逐流。

我不敢走进迪奥先生的店里，事实上，虽然很高兴知道它就在这里，我也没有特别想进去。我有点像格特鲁德·斯坦，从照片上看来，她穿得像罩着一顶帐篷二十年，却还口口声声说时尚是一种艺术形式。**“时尚，”**她说，**“是真实事物的抽象表现。”**

法国人也明白服装不是一切。约瑟芬·贝克通过饰演百老汇歌舞剧里的小角色，从美国南方最贫穷的区域来到巴黎。她有的只是一副魁梧黝黑的体格、喜剧天分以及她在纽约碰到的法国侍者给她这位年轻表演者的一句忠告：“打扮得时髦点，逗他们笑！”

时值1925年，约瑟芬·贝克就在蒙田大道十五号的香榭丽舍剧院初登舞台，她饰演《黑色歌舞》这出新剧目中的配角。在舞台上现身时，除了腰际一圈粉红色的火鹤羽毛，她全身赤裸。她的躯体、富有喜感的动作以及无与伦比的美貌，让观众为之痴狂，她就这么一夕成名了。

许多女人因为受巴黎欢迎而接纳了巴黎，贝克又是一例。在美国，她被虐待、羞辱、歧视；在巴黎，人们将她视为舞台天后、性感女神和表演天才来崇拜。贝克唱道：“吾爱有二，我的祖国和巴黎！”美国和法国是迥然不同的两个地方，但想想格特鲁德·斯坦也曾说：“美国是我的祖国，巴黎是我的家乡。”这未尝不有趣。

蒙田大道的尽头是爱玛桥（Pont de l'Alma），英国王妃黛安娜就是在这下方与死神交会。瑞秋和我对黛安娜的意见相左。瑞秋认为她肤浅，是个追求知名度的上流社会分子；我却爱她，过去爱，现在也爱。她死时我甚至哭了。

老实说，还有谁的临终之日能好过黛安娜王妃在世的最后一夜？她正在度假，搭乘美丽的游艇游览了地中海。死前才与一位爱慕她、有钱得不得了的迷人男士在丽兹酒店共进晚餐，他送她一颗巨大的钻戒当礼物。世上一定有许多更惨的死法。

我又来了。我不应该这样，我知道这是缺点，可是每次到巴黎，我都沉沦在这种败家的乐趣中。为什么？并不是说我没有尝过教训。我在悉尼的家里有整抽屉的证据提醒着我：露辛达，你没办法像法国女人那样系丝巾。但此刻我在孚日广场的一家精品店里，心里那种浪漫情怀再次萌生：噢，可是这里是巴黎，在这里，身为女人是特别的。噢，再说，这些丝巾都是艺术品，织工繁复，样式美丽。它们是奇珍异宝，可以拿来当传家之宝。

高瘦优雅的店员轻柔地挑了一条丝巾拿到我面前，那是其中一款最大胆的样式，锦缎与丝质交织，绿色的底衬着天鹅绒红色的图案，很戏剧化，像枚勋章般耀眼。她仔细地为我打个结，然后用她的纤纤玉手笃定地将丝巾披在我身上。“很时髦。”她严肃地说着并往后一站，欣赏她的作品。我不禁有几分洋洋得意。

当我快步穿过柱廊，感觉到丝巾在高雅的购物袋中的轻盈之际，已经可以预见它有两种可能的未来。一种是，我也能从容地拥有那份法式优雅。我从抽屉里拿出这条丝巾披在肩上，即使身上穿的是普通的黑色套装，我也精神抖擞、心情愉快、散发光芒。另一种是，我笨拙地把丝巾往身上胡乱一抛，这里挪一挪，那里拉一拉，搞砸了整件事情。巴黎店员的协助让我看起来雍容华贵，然而，轻灵曼妙的丝巾被我粗笨的双手一碰，却变成流浪汉身上的破布。于是，它注定要被小心翼翼地折好收进抽屉，与其他我骄傲地从巴黎买回家的丝巾窝在一起。现在，我看到自己站在镜子前，像个没有灵魂的生物，穿着黑色套装，一点儿也不光彩夺目。

我不太懂她们怎么办到的，但法国女人就是给人自有风格的印象，一种难以界定、说不上来的风格。

想想柯莱特吧。她散发一种别具法国味道的女性力量。这里必须要厘清一点：柯莱特从来就不时髦。她太不受世俗规范拘束了，她爱吃到无法保持苗条，索性就任由自己发胖，她只爱耐穿的皮革凉鞋，她头发烫得太过，以致顶着像是一颗彩球般的爆炸头。某一个时期，柯莱特误判了自己的志趣，在一些有钱支持者的协助下，开了一间美容院。身为老板娘，柯莱特坚持顾客都要接受她特殊的审美观，一些巴黎有名的金发美女步出柯莱特的美容院时，又浓又黑的眼线与眉毛让她们顿时老了好几岁。柯莱特的这桩生意很快就收摊了。

但这一切都不重要，柯莱特这名女子才是重点，她是女人中的女人。每个与她接触的人都知道她就是那个优雅的俏丽佳人柯莱特——传说中被丈夫威利关起来写克劳汀系列故事的就是她，传说中在舞台上吻了同性爱人而引起骚动的也是她。再者，人人都读过她笔下那些引人入胜的背德故事：交际花与小白脸的姐弟恋、鸦片馆与伪高潮、怪异的“三人行”与悲哀的穿男装女同性恋。

每当有人请柯莱特提供一些建议给有志成为作家的后进时，她总说：“要花很长的时间去观察让你愉快的人、事、物，以及，要花更长的时间去观察让你痛苦的人、事、物。”柯莱特最喜欢观察的则是女人，包括她自己在内。她不厌其烦、冷酷无情地观察着身为女人所经历的过程，或甚至身为女人的“职业”。她将观察化为具有启发性的文字作品，耐人寻味，又令人感到沉痛。在《紫恋》这部小说中，一位引退的交际花对另一位喃喃说道：“天啊，你闻起来好香啊！你注意到没有？当皮肤变得越松弛，香味就更能渗透进去，也就能维持得更久。真好。”哎呀呀，这话真是让我无言以对。

南西·米特福德对柯莱特极为仰慕。她受邀将《紫恋》改写成舞台剧剧本时，获得了难能可贵的机会与这位大作家共度一个小时，此时的柯莱特已是个衰弱的七十九岁老奶奶了。我想象南西·米特福德站在皇家宫殿的院落里，理一理身上那套迪奥日常款洋装的蓬蓬裙，做好心理准备要去让一双观察力敏锐的大眼睛眯起眼来审视。当然，她希望能让那双眼睛满意，她希望得到柯莱特赋予她的赞赏。于是，南西·米特福德登上了木造阶梯，或许还随身带着一本《紫恋》，要让大作家签名。

在被柯莱特称为“巴黎心脏”的皇家宫殿里，靠窗的高脚弹簧床上半部被推了起来，她就坐在那里接见南西·米特福德。墙壁覆盖着深红色丝布，柜子上排列着书本、雕像和她收藏的颜色鲜艳的玻璃镇纸，房间里放着一束仰慕者送的花在房间里幽幽散发清香，床铺是红色的，一条毛毯盖住柯莱特那双患了关节炎、已无用处的脚。毛毯下，她的脚指甲涂成鲜红色。一辆推车上放着她的工作台、蓝色台灯、天蓝色的书写用纸、一部电话、几只笔和一碗碗彩色的糖果。

纵使又老又胖又衰弱，柯莱特仍是一头骄傲的狮后，顶着她如狮毛般狂野的头发，眼眶一圈眼线，嘴唇涂得红红的。一如往常，她脖子上系着印有图案的丝巾。这不代表她比南西·米特福德更时髦、更美丽或更有女人味，而是经过了这一生，她累积了属于自己的女性特质，这样的特质，她加以分析、予以认可、还予拥抱。

两个女人共处了一个小时。一个是放荡不羁的感性文人，一个是诙谐机智的贵族名媛，我真希望知道她们对彼此说了什么！关于这段对话，我们所能知道的全部，就是会见后南西写给伊夫林·沃的短短几行描述。改编剧本一事，南西提到的不多，最后此事也不了了之。但是与柯莱特见面的特权让她久久不能自已，她说：“所有人，或者至少所有女人当中，柯莱特是我最仰慕的。”可能也有点被这位天后级人物吓到或者震慑住了，她回忆道：“我很害羞。”然后又补述一件琐事：“但她很欣赏我的衣服，所以还是很棒。”这就是柯莱特不同凡响的权威，也是这名法国女子神秘的力量。

柯莱特不只有魅力，还懂得如何运用魅力。她的褒奖同样让美国作家安妮塔·路斯卸下了心理防线。1951 年，安妮塔·路斯为了讨论《琪琪》的改编剧本拜访柯莱特，两人在大维富餐厅会面，安妮塔原本准备了一小段话，要对这位大作家献上敬意。她才刚起了个头，柯莱特就挥挥手打断她：“安妮塔，你是从哪里找到这双漂亮的鞋子的？”当然，安妮塔冲回家记下了这句赞美之词。

想着这些事情，想着在巴黎试着穿得很法国的陷阱，我的信心瞬间跌到谷底。我暗自发誓不在巴黎围丝巾，等到回悉尼再说。

接着，另一个念头冒了出来：或许，若不是法国女人的话，还是不要围丝巾比较明智；毕竟，丝巾要了美国舞者邓肯的命。这位前卫舞者在巴黎住了好些年之后，有一天，在法属里维耶拉（蓝色海岸）跳进自己的跑车，脖子上围着一条长长的雪纺纱丝巾，当她加速离开时，对友人喊了一声：“我要奔向我的荣耀啦！”接着丝巾缠住车轮，她就这么被勒死了。

凡顿广场

女人很两极：要么比男人好，要么比男人差。

——拉布吕耶尔

这天是多云的天气。我沿着加斯提里昂路（rue de Castiglione）漫步，朝第一区的凡顿广场（Place Vendôme）前进。所有的导览手册都说，我会在这里与巴黎的杰作之一相遇。上回看到凡顿广场，我的说辞正如官方说法：令人惊艳的美，天啊，这地方当然是一件杰作！受到巴黎蛊惑、对这些历史遗迹满怀敬畏的我，从不曾想过有人会有不同的观感。

今早用餐时，瑞秋改变了我的想法。她的脸埋在《国际先锋论坛报》后头，熟练地将咖啡杯从桌上移到嘴边，浏览着美国政坛的最新消息；我则看着笔记与导览手册，规划这一天的行程。“今天的行程呢，”我大声地说，“包括凡顿广场和丽兹酒店。”瑞秋翻过一页报纸，重新跷起脚。在报纸的窸窣声中，我突然听到她说：“我始终觉得凡顿广场很丑。”她举起右手，短短的黑色指甲和她的卡地亚坦克戒形成突兀的对比，戒指素面的金色指环上镶了一颗方形的金色黄水晶。“所以我才在卡地亚的左岸分店买了这个。”她兀自沉浸在美国政治里，没注意到我对她的随口胡说感到惊讶。

此际，我从加斯提里昂路转进凡顿广场，好像第一次来似的体验着这个地方。我最先注意到的是似乎骤降的气温，从围绕这一大块八角形区域的蓝灰色建筑，到广场中央巨大的方形基座上铺的黑色柏油，一切仿佛都显得冰冷。在这里，天空看起来比较低，好像一块饱吸水分的灰色海绵压在石板屋顶上。广场中心斑驳的绿色圆柱直耸入云，此刻，在我看来，这根细长的圆柱缺乏称霸这一块空间应有的规模和力量。

凡顿广场是冷冰冰的现金与金钱所能买到的美好事物相遇之处。摩根大通银行和法国巴黎银行紧邻着卡地亚、宝格丽、宝诗龙珠宝、阿玛尼和香奈儿。一切都很壮观，也合该壮观，这座广场本来就是为了让人望而生敬而建造的。凡顿广场将太阳王至高无上的权威体现到建筑上——雄伟、井然有序，而且和谐。建筑师将建筑物的正面外观设计成一致的样貌，赋予凡顿广场一种舞台布景的氛围，就像是一座展示财富与权力的剧院。从空中鸟瞰，广场的形状正如一颗切割成方形的钻石；从地面上看，广场确实也有钻石那般明亮与冰冷的坚硬质地。

这里没有咖啡馆，没有供人休憩的长椅，没有身体可以靠着的地方，也没有能让人窝着发呆或做白日梦的角落。所以我做了所有观光客都会做的事——在广场边缘信步走逛，看看橱窗里的东西。我经过了布切拉蒂（Buccelatti）纯手工珠宝、阿玛尼西装、御木本珍珠和百达翡丽名表，也像每个人一样，贴着橱窗，只能一脸“喔！啊！”的表情。喔！真是一套完美的西装。啊！真是一条无与伦比的珍珠项链。在钻石冰冷的蓝光反射之下，我的脸庞被照得白晃晃。

现在我来到十二号，丽兹酒店的对面，尚美（Chaumet）珠宝的橱窗里展示着一条镶有红宝石、珍珠和钻石的华丽项链，嚣张地供在天鹅绒垫上。我的脸倒映在橱窗上，我看到自己矛盾的情绪。当然，赞叹与激赏是一定有的，但那种招摇的姿态，也让我不禁有几分不自在。

店旁是一个精巧美观的入口，通往上面的公寓。1849 年 10 月，欧洲最受人爱戴的浪漫派作曲家肖邦蒙主宠召，临终时就躺在这上面向一位金融家借来的公寓里，当时这儿是一间金闪闪、白灿灿的别致沙龙。有人说，年仅三十九岁的肖邦因心碎而死，罪魁祸首是与他相伴十年的那名女子；两年前，她只用一封信就将他打发了。肖邦的友人，艺术家德拉克洛瓦[1]，称那封信为“没人性的一封信”。而那名女子呢，当然就是乔治·桑。

一群波兰人、艺术家与社交名媛走过这扇沉重的铁门，爬上蜿蜒的阶梯，为了向肖邦致敬。一位歌剧演唱家为他演唱，德拉克洛瓦温柔地对他说话。时髦的女性成群涌入，争取在偶像身侧为他静静啜泣的特权与地位。肖邦安静地躺在床上，时而清醒时而昏迷，有时呻吟祷告、有时睡去，却又轻声低语。断气前，肖邦虚弱地喃喃说了句：“她说我会在她怀里死去……”社交名媛的啜泣顿时变为咒骂。和乔治·桑的恋曲是肖邦一生中最重要的一段感情。

对于肖邦的早逝，部分波兰人至今仍无法原谅乔治·桑。肖邦的一位老友瓦西曲·盖瑞兹玛拉伯爵和他们两人都十分熟稔，他直接将肖邦的死怪罪于乔治·桑：“若非不幸认识了这个彻头

[1] 德拉克洛瓦（Eugène Delacroix，1798—1863）：法国著名画家，浪漫主义画派代表人物，画作《自由引导人民》曾被用于一百法郎纸币上，作品多存于卢浮宫内。

彻尾毒害了他的乔治·桑，他活到凯鲁毕尼[1]那把年纪（亦即八十二岁）绝对没问题。”

乔治·桑很清楚那些针对她而来的纷纷议论。她以自己和肖邦的关系为题材，写了一部小说和回忆录，将他刻画成一个幼稚、善妒的黄毛小子。人们惊讶于乔治·桑对自己的笃定：“今晚在玛蒂尔德公主家的谈话，话题转到乔治·桑身上。我们谈到乔治·桑的恋情，大家一致认为她骨子里是个男人。她的铁石心肠让她纵使明明与对方上床，也能冷酷无情地描写对方。”

乔治·桑维持最久的恋情对象是一名平凡的雕刻匠马西奥，她说他“像狗一样忠实”。在十五年忠心耿耿地随侍在侧、付出感情之后，马西奥于1865年死在她怀里。剧作家大仲马探访乔治·桑时，马西奥正待下葬，剧作家大仲马便问她心情还好吧。“我觉得……”她答道，“想要洗个澡，去森林里走走，然后晚上去看场戏。”于是，大仲马把这件事转述给龚古尔兄弟听，断言乔治·桑是“不知道自己多么恶毒、自私、残酷的禽兽”。

我继续绕行凡顿广场，脑海里尽是肖邦《葬礼进行曲》中沉郁的节拍。但当我来到香奈儿的店面，心里又冒出了不同的旋律：或许是热情的西德尼·贝彻[2]爵士歌曲，又或许是斯特拉文

[1] 凯鲁毕尼（Luigi Cherubini，1760—1842）：意大利音乐家，生平多在法国度过，作品多以歌剧及圣乐著称。
[2] 西德尼·贝彻（Sidney Bechet，1897—1959）：美国爵士乐萨克斯手，爵士乐史上最重要的高音萨克斯大师。

斯基[1]激昂的《春之祭》。

一九二九年，香奈儿成为时尚界最具影响力的人物，她向女人示范了如何卸下沉重的缎面礼服和马甲、率性地剪掉长发，还在太阳底下做日光浴，将身体翻来覆去，直到晒成古铜色，显得身段苗条纤细。然后，她将女人套进轻盈、好穿、柔软的衣服里。她让她们白天穿着舒适的针织布料洋装或小套装，这些裙装短而性感，又能让人活动自如。夜里则穿上黑色小礼服，缀以别致的珠饰和透亮的珍珠，让衣服有着流动般的层次感。

西敏公爵是香奈儿众多的恋人之一，他是全英格兰最有钱的富翁，也是查尔斯王子和丘吉尔家族的朋友，他追求她的方式是将珠宝首饰藏在雏菊花束中送给她。香奈儿喜爱华丽的珠宝，也为自己买了许多，但她是第一位公开地将真正的珠宝和人造珠宝混搭的设计师。香奈儿虽然出身农家，却有某种贵族的姿态。她高傲地说："珠宝的重点，不是要让女人看起来很有钱，而是为了陪衬女人。这两者是不一样的。"

西敏公爵曾对香奈儿不忠，事后，他们搭乘豪华的游艇出海，奢侈地游览地中海。他送她一条无价的珍珠项链作为赔罪之礼，香奈儿看着他的眼睛，将手举到游艇栏杆边缘，故意让项链从指缝间滑落海里。他向她求婚了吗？若有，香奈儿日后否认自己给过他这样高高在上的答复："人人都嫁给西敏公爵，公爵夫

[1] 斯特拉文斯基（Igor Stravinsky，1882—1971）：二十世纪俄国作曲家，著名作品有《火鸟》《春之祭》等。

人有很多位，**但香奈儿只有一位。**”

我绕广场而行，现在接近丽兹饭店了。1897 年，时值巴黎的美好时代，凯撒·丽兹[1]着手设计他的新饭店。他特意将饭店规划成一个讨好女人的地方，设计上强调出女性的柔和与温顺。曲曲折折的阶梯是为了让女性在现身时能呈现婀娜多姿的曲线，粉红色的丝质灯罩使得光线益发能够衬托出上流社会名媛仕女姣好的容貌。特别订制的餐椅上装了小挂钩，方便女客挂上手提包。时至今日，那些小挂钩依旧在那里，明亮的现代化卫浴则鼓励房客注重个人卫生。

丽兹先生勾勒出一则赏心悦目的神话，讴歌着女性的甜美、纯洁与温驯。那是一则只有男人才会相信的神话。

于是我出现在这里，在丽兹酒店的吧台前，望着外头那座出名的庭院，啜饮一杯香槟，被衣香鬓影的历史人物的幽幽残影包围着。

这位是香奈儿。她修长的身影悄悄走过，爬上阶梯到她靠康朋路（rue Cambon）那一侧的套房里。时值 1971 年圣诞佳节期间一个很冷、很安静的周日午后，她走进点着炉火的房间，女佣珍妮忙进忙出。自从 1954 年复出以来，她没日没夜地工作，香

[1] 凯撒·丽兹（Cesar Ritz，1850—1918）：丽兹酒店创办人，有“世界豪华酒店之父”美称。

奈儿累了。二次大战初期，她收掉店面，以为她的职业生涯已画下句点。她相信她高雅简约的服装已永远地改革了时尚，她完成了这一生的使命。

但在 1947 年，一个秃头、矮矮胖胖、害羞腼腆的男同性恋克里斯汀·迪奥发表了他的处女作—— 一系列向美好时代华贵风格致敬的无耻之作，包括束腰、用了好几码布料的及踝长裙、细高跟鞋；最不可思议的是，马甲重返时尚圈。这些异常美丽但不实穿的娇贵服装立刻掳获了各个角落爱美女性被战争摧残、黯淡无光的心灵。

香奈儿大为震惊。一丝不苟地在真人身上裁制衣服的她，如今居然被一个在浴缸里画设计草图的小子抢尽风头。她又气又恼地读着时尚杂志。“喔，不！”她火冒三丈地大叫，“绝对不可以！男人不能帮女人做衣服！”香奈儿只有一个办法，她必须重出江湖，再打一场硬仗。“我曾解放过女人，**我将再一次解放女人**。”她宣告道。

美国人率先回头拥抱香奈儿。新世代女性正待解放自我，她们要的是穿来过日常生活、方便工作、可以活动自如的衣服。一季接着一季，她们抓起新款的香奈儿经典服饰，穿上简单、素净的套装与洋装。

在这个冬日的午后时刻，香奈儿正忙于秋装系列的最后准备阶段，作品将于二月五日发表。她一贯的座右铭是：“人生有工作的时间，也有恋爱的时间，没有时间去……”对香奈儿而言，恋爱的时间早就过了，但工作从未令她失望。如今，突然之间，就连工作都成了难以负荷的重担。

香奈儿脱掉鞋子，躺在床上。她转头看着多年前的恋人斯特拉文斯基送的小圣像，猛然嘶哑地喊道：“我要窒息了！”珍妮赶过来帮她，但死神已然逼近。香奈儿以一贯的坦率面对她的处境，“所以，死就是这么一回事。”她说。这句话成为她的临终遗言。

再来，是另一个冬日，时值 1997 年 2 月。美国大使帕梅拉·哈里曼健步如飞地走进饭店，七十六岁的她美丽如昔，穿着大垫肩套装、戴着金色首饰，体格经过运动的锻炼，脸部动过技巧高明的拉皮手术。她来丽兹做 SPA，丽兹的 SPA 区是一个饰有罗马风格的壁画和马赛克的桃红色小天地。在柔和的灯光下，她弯身步入浴池，小心翼翼地不让闪耀着光泽的一头金发浸湿。

曾有一段时日，帕梅拉·哈里曼以情妇的身份来到丽兹，当时的她是个被人包养的交际花，要去迎合有权有势的男人。那是一段动辄得咎的时期，最后多亏她第三段利益良多的婚姻，美好地替她洗刷了过去。她摇身一变成为财力雄厚的有钱寡妇，克林顿总统对她的建言洗耳恭听，希拉克总统也对她公开表示赞赏。继子女和她闹的麻烦官司最终经由协商和解。年末退休时，她将搬到位于梵伦纳路的新居。身为一位上了年纪的高贵女士，那儿会有来自世界各地的巴黎友人温暖地欢迎她。

然而，当她在水里举起手臂再次放下时，突然感到一阵晕眩。她慢慢地爬出浴池，脚步一个不稳地倒在地上。当下没有人能帮她，她整个人被恐惧感盘踞，不期然哭了起来，连她自己都吃了一惊。饭店工作人员围着她，一面安抚她，一面打电话给她的助理，同时叫来一辆救护车。这时的哈里曼大使正面临严重的脑中风发作，就在当晚，她将死在医院里。

时序仍是 1997 年，这年简直是丽兹史上最致命的一年。此刻季节已经递嬗到夏末，查尔斯王妃黛安娜和她的情人多迪·法耶德（Dodi Fayed）在丽兹那间知名的餐厅用餐。三十六岁的她，皮肤晒得很好看，体格也锻炼得很健康，简单地穿着深色外套与白色长裤。她很美，看起来就像模特儿，但她其实是一位社会改革家。她拒绝了英格兰颁给她的皇冠，自行建造了另一座民意的宫殿，她打算以“民心皇后”的身份统治这座宫殿。餐后，多迪·法耶德和黛安娜为了躲避狗仔队，从康朋路的出口溜走。在不到一英里的距离之内，就发生了那场重大的车祸。多迪当场丧命，黛安娜死于送往医院的途中。

坐在丽兹的酒吧里，我想着这几位女性的意志力与决心。香奈儿为了挽救她的时尚解放传奇而复出，帕梅拉·哈里曼让自己从交际花跃身为外交大使，黛安娜则从忸怩的少女蜕变为民心皇后。

就在丽兹这里，三位女性度过了临终的最后时分。三个人的临终时分没有哪一位是特别好的，但她们是斗士，三位都是，而巴黎是她们赢得最大胜利的地方。

我举起香槟，默默地向她们致敬。香奈儿五号香水的甜甜气息像熏香般在我周身升起。

之后我穿过厚重的玻璃门，沿着饭店狭长的通道走着。这里很安静、很普通，但你还是闻得到背后的钱财与权势的气息。我回忆起自己也曾穿越澳大利亚的权势通道。副总理到国会大楼开会时，我会陪同前往，他是一个高大的男人，大步迈着焦虑的步伐，我们总是在赶时间。我手中轮流抓着纸笔和手机，鞋跟节奏错乱地踩在拼花地板上。副总理在我前方，他的顾问匆忙、恭敬地跟在后头。

疯狂的是，每当我们来到厚重的国会玻璃门前，副总理便会突然停下来打开大门，很有绅士风度地让到一边，让他那窘迫地低着头的女性职员快速通过。接下来就换我闪到一边，让我握有权势的上司继续大步地在国会大楼里前进，我也再度回到我应有的位置，匆匆忙忙地跟在他后头。我们构成了一个双重权力关系的窠臼——上司与下属的关系以及男与女的关系。

不论是去哪里，我们几乎都是早到。有一回，我们抵达一间阳光满室的会议厅，比我们要见的韩国贸易代表早了许多。副总理处于一种很想聊天的好心情里，他刚和以前的同事碰过面，对方是一位前任总理，娶了年轻貌美、活力四射的娇妻。副总理脑袋里正在想两性关系这件事。

“很多家伙梅开二度的时候都娶很年轻的太太。”他说，“我的老天爷，那不是很累吗？人老了只想休息才是。”

“可是……？”我怂恿道。

“可是呢，这些年轻的太太不肯让老公停下来，怕他们老化得太快。”

“所以……？”

“所以呢，只想休息的老家伙被太太逼迫安排约会、替她们跑腿、加入什么委员会。女人拿出鞭子来抽着男人跑。”

我的脑海里很快浮现一幅画面：阳光普照的花园里，某个年迈的政坛老手安然地躺在折叠躺椅上，手中的报纸在他神情慵懒的面孔前拿高又拿低。然后，一名金发女郎绷着脸从厨房冲出来，鞭策他回到公众生活当中。

“但这些男人当然可以说不要？”我试探地提问道。

“喔！”副总理满脸不可置信地说，“不行，他们不能不要。”

天色已暗，我走出饭店，回到凡顿广场。整个世界都改变了，天空是一种深沉、浓郁的蓝，太阳已不见踪影，但星星和月亮尚未露脸。在法文里，这叫作 l’heure bleue（蓝色时分）。介于日夜交替之际，凡顿广场有了不同的样貌。在一方暮色低垂的深邃天空下，广场尽展它形式上的完美。随着第一盏灯点亮广场，建筑物的蓝色调益发深沉。我开始领会到凡顿广场之美。

1878 至 1894 年间，这里每天都会有一名女子从二十六号屋里走出来，在傍晚的气氛中散散步。她用黑色面纱将脸遮住，不让任何人看到，但大家都知道她是谁——卡斯蒂格里奥夫人（Mandame La Castiglione），曾经的红颜祸水，拿破仑三世的情妇，众所周知的自恋者。她请摄影师拍了不下 434 张肖像照，记录她的美貌。她无法忍受美貌消逝，无法面对抵挡不住的岁月摧残，于是离群索居地住在昏暗的公寓里，墙壁漆成黑色，而且不允许镜子的存在，入口处还用三道上锁的门与外界隔绝。卡斯蒂格里奥夫人单单只用美貌定义自己，一旦美貌不再，她也失去了活下去的意愿。她不去把握其他东西，重新创造自己。她索性就放弃了。

我离开凡顿广场。这里究竟是丑是美？我实在不知道。但我感觉到它的力量。

论成熟女性

和法国女人相比，美国女人平均而言都还在幼儿园的阶段。

——伊迪丝·华顿

今早起床时，蠢动的念头像梦的残影在我脑海里挥之不去。阳光流泻而入，窗帘掀了起来，在窗边摆动，我思索着这一趟旅程所为何来。在三十五岁这个即将要展开后半辈子人生的节骨眼上，我想的只是“如何去过后半生”，还是更确切的——“如何去过身为一个女人的后半生”？

这肯定是我要去探究的问题。最初不就是一名法国女子向世界抛出了这个问题？而后，众所周知地，一名澳大利亚女子接下棒子继续提出质问？我发现自己在无意间追溯起女性思潮的足迹，乃至于这些女性人生的痕迹。

西蒙·波伏娃在 1949 年说：**“女人不是天生的，是被塑造而成的。”**这句话令闻者感到当头棒喝，不禁都要一拍自己的脑袋说：“啊！当然了，女人是第二性，是被塑造出来的那个性别。”女人的自我认同是被各种不公平、不实的假设和前提建构出来的。女人被认为该要成为母亲、配偶、用人，在工作、教育和社会上受到歧视，被塑造成次等阶级。

然而，有了这句响亮的名言：“女人不是天生的，是被塑造而成的。”今天，像我这样的女人可以拥有世上一切的自由，我们能决定自己要成为什么人，要不要一份事业、一桩婚姻、一双子女。我们可以塑造自己，我们可以做决定，“我”可以做决定。

现在，我人在巴黎。从伊迪丝·华顿到格特鲁德·斯坦，这座城市吸引了想要塑造自己的女人。巴黎是一个女人可以塑造自己，或者重塑自己的地方。

就像左右开弓的双重重击，另一个著名的提问紧接而来。“你要怎么做？”身高 1.83 米、有一双深色大眼睛的澳大利亚女性主义旗手杰梅茵·格里尔（Germaine Greer）直率地提问，以此为她的著作《女太监》（The Female Eunuch）作结。

在自由开放的社会中，男人能做的事，女人都能做。我们可以一如男人般重要或者平庸、勇敢或者懦弱、聪明或者愚蠢，但巴黎提醒我们：不论我们做什么，我们永远都是女人。这是不会动摇的事实，是我们的宿命，是我们该要履行的责任。

还有，尽管我并不是一直这么认为，但在此时此刻，一个阳光掀起窗帘的巴黎早晨，我不禁认为这是我们身为女人的幸运。

梵伦纳路五十三号，伊迪丝·华顿的房子是圣日耳曼区最高级的住宅区之一，在她的屋外有一块牌子，上面的内容翻译过来是：

美国作家伊迪丝·华顿（1862—1937）于 1910 年至 1920 年间居住在此，她是第一位出于对法国及法国文学的热爱而搬到这个国家的美国作家。“我那几年的巴黎生活都在梵伦纳路度过，那是一段丰富、充实、快乐的时光。”一如亨利·詹姆斯，伊迪丝·华顿的作品以细腻而辛辣的风格，栩栩如生地呈现出她身为其中一分子的高尚社会。

古迹鉴定纪念基金会

法国人欣赏伊迪丝·华顿，因为她是一位定居巴黎的伟大作家。法国人也很感念她，因为不像许多人在一次大战期间离开巴黎，她留了下来，孜孜不倦地工作，协助贫困的难民，并且发起政治运动，推动美国政府参战。法国人颁给她荣誉爵位，时至今日，仍将她视为法国国宝。

伊迪丝·华顿本人的相貌其实也颇似一尊国宝级人物纪念雕像，高大，结实，方正的下巴就像雕像的底座。身为贵族世家的一员，伊迪丝常有意让陌生人对她望而生畏。毕竟，她的姑姑是独一无二的“纽约的琼斯女士”[1]，琼斯姑姑在第五大道的豪宅更让英文里有了“和琼斯家比排场”这样的俚语。

就连伊迪丝·华顿最要好的朋友亨利·詹姆斯都有点怕她，并为她取了各种称号，从毁灭天使、女拿破仑到匈奴王不等。每当他难得被说服去拜访伊迪丝·华顿时，他总觉得自己像是被囚禁的俘虏。他从梵伦纳路的奢华牢笼中写信给一位朋友：“我被金锁链拴在这里，表面上日子过得美妙，实际上犹如被软禁，分秒不离地随侍在侧也让人喘不过气。”

我在想，对伊迪丝·华顿而言，在她大部分的人际关系中，与任何人都保持一点距离或许是最适当的。她不是那种会对人掏心掏肺的人，她喜欢保有自己的隐私。在社交场合里，她鼓励一般性的谈话，但并不赞成私密的剖白。她也格外谨慎地与陌

[1] 纽约的琼斯女士（Mrs Jones of New York）：在此是指伊迪丝·华顿的两名姑姑玛莉·琼斯（Mary Jones）与丽贝卡·琼斯（Rebecca Jones），她们当时在纽约第五大道所建造的豪宅令人叹为观止，最后衍生出一句英文俚语：keeping up with the Joneses，即“和琼斯家比排场”，意为跟有钱人比阔气。

生人或沙龙里的食客保持距离。在她的自传《回首来时路》(A Backward Glance)里，有一个十足充满炫耀意味的片段最能反映华顿女士的疏离冷漠：

那时结交的朋友中，我愿特别怀着感怀之心地记录下意大利帕多瓦的帕帕法娃伯爵夫人，从她口中，我第一次听到美丽的卡塔裘城堡（Castel of Cattajo）这个地方，也因为她的好心，芙森瑞比欧（Val San Zibio）繁复考究、秀丽可爱的花园为我开启了大门。此外，还有意大利瓦雷泽的唐吉里欧·凯格诺拉（Don Guildo Cagnola of Varese），他是意大利别墅建筑设计的权威，也是加萨达庭园别墅的所有人；画家卡纳莱托（Canaletto）有一幅作品，就是以加萨达庭园别墅为题，收在米兰的布雷拉美术馆(Brera)。然后，是罗瑟潘妮伯爵夫人，她住在高档的别墅……

很抱歉我得说，伊迪丝·华顿就这样继续写了好几段，该书许多地方皆然。然而，作为一种和太爱窥探的读者保持距离的手段，这一招相当奏效。

令人生畏的女主人、权威作家、美国贵族，这些冠在伊迪丝·华顿身上的头衔都没错，但她不止如此而已。

从外观看来，伊迪丝·华顿的故居既朴素又肃穆，周围尽是大使官邸和豪宅。但当我往隐蔽的庭院里探看，我可以瞄到盛开的紫藤花，娇弱、缤纷的粉紫色小花从土黄色的墙头冒出来，沿着黑色的铁栏杆阳台披垂而下。

现在，让我们来看看伊迪丝·华顿被爱冲昏头的另一面。“她觉得自己像奴隶，又像女神，更像怀着少女情怀的小女生……”

1909 年 6 月，四十七岁的伊迪丝·华顿和一位名叫莫顿·福勒顿（Morton Fullerton）的记者谱出恋曲。他是她人生中的煞星，为了这个男人，她放下了一身的傲骨，抛弃了所有的尊严和霸气。她一向有每天写日记的习惯，这会儿还特别另外写一本，书写的对象正是福勒顿，内容则记录了他们共度的每分每秒以及她起起落落、七上八下的情绪。

莫顿·福勒顿是个很复杂的人，事实上，他很像一个会在亨利·詹姆斯或伊迪丝·华顿的小说中出现的人物。他是双性恋，也是一个四处游历、颓废堕落、有魅力且不可靠的人。他的本性使得他不可能待在祖国美国普照的阳光之下，他比较适合置身欧洲首都道德标准宽松的阴影与角落里。就连和伊迪丝·华顿正打得火热时，他也同时进行着好些复杂的关系。

在《纯真年代》和《欢乐之家》里，华顿女士纯熟地驾驭了一个混沌的世界，字里行间表现出她的稳健、慈悲与机智。谁能料到和一个三流记者的风流韵事会乱了这位伟大作家的方寸？然而，事情就是如此。她的身段放得如同每一个坠入爱河的女人一般低，也同样做出一些老掉牙的蠢事。她为他俩枕畔的缠绵写下糟糕的诗句。她为了这份爱感激涕零、焦躁不安，又担惊受怕。

比方说，她担心起自己的服装："去年十二月，我们第一次去索邦大学听贝克演讲，我穿了一件黑色的连身裙，我记得自己心里想着：他会喜欢我这样穿吗？……我们第一次单独共进晚餐的那一夜，我穿了茶会服[1]……你说你很喜欢……"

后来，她讶异于无与伦比的他竟会爱上配不上他的自己："我想你并不知道，因为唯有女人才会这样——在公众场合里坐在你身边，表面上风平浪静的我内心却是狂喜。不时地看着你额头上的汗毛、当你转头面向舞台时的侧影、你的姿态、你的表情……我身体里的每一滴血液都在悄悄说着：'他是我的、他是我的、他是我的。'"

当然，福勒顿一点儿也不是她的、她的、她的。这段感情在伊迪丝一封封可悲、慌张、求他回头的信件中告吹，但我不认为我们需要为伊迪丝的苦恋同情她，那是她人生中的一大历练。比起大到令人无法承受的痛苦来说，不曾经历任何七情六欲其实更糟糕。针对不曾被触动、深刻的体验付之阙如的人生，伊迪丝曾经勾勒出一个痛楚的画面：

有时我会想，一个女人的天性就像一栋满是房间的大房子，有人来人往的走道，有正式接见客人的厅堂，有家人可以随意走

[1] 茶会服（tea-gown）：十九、二十世纪，女性出席下午茶会时穿的服装。

动的起居室；但在更深处、更远处，是其他的房间，这些房间的门把从不曾被转动过，没有人知道通往这些房间的途径，也没有人晓得这些房间通往哪里。而在最里面的那一间，是圣地中的圣地，女人的灵魂独自坐在那里，等待一阵从不曾传来的脚步声。

这样的描述，事实上完全反映了伊迪丝自认在美国时被迫要过的生活——一种表面上活跃、内心深处孤寂的生活。和福勒顿坠入爱河时，伊迪丝正是坐四望五的年纪，不论身为作家或身为女人，都正处于巅峰的状态。她想要敞开所有的心门，不论来客多么具有侵略性。

在伊迪丝身为一个女人的历程中，巴黎的意义重大。美国给她的感觉是女人被迫活在某一特定的类别里："在波士顿，我是个失败者……因为人们认为我太时髦，不可能有头脑。在纽约，我也是个失败者，因为人们认为我恐怕太有头脑，不可能时髦得起来。"然而，巴黎给予伊迪丝充分的空间，让她得以全然地做自己，也让她得以探索自己人格的高度与深度。

更重要的是，不像美国人，法国人懂得欢愉以及欢愉的重要。她说：**"只有在世故的社会里，知识分子才会认同'不正经'的妙用。"**伊迪丝想当一个时髦、佻达、世故又有头脑的人。她想得到拥有矛盾特质的珍贵权利，她不乐意看到女人及女人的行为被僵化地归类，她想超越那些单调乏味的类别，这有何不可？她体认到美国无法容许她的多变、辛辣和矛盾，那里有的仅是一个单一的社会。但在巴黎呢？情况可不同了。

在伊迪丝·华顿死后，有关她的传记开始出现时，莫顿·福勒顿希望人们能了解华顿女士人格的复杂与自我的圆满达到了何种程度。“不论问题有多么微妙，”他怂恿道，“请把握住机会，揭开这位女英雄冷淡、严峻的面纱……”

一个三十几岁的女人，口红颜色鲜艳，肩上背着黑色皮包，我的身影看起来很孤单。走过圣日耳曼区安静的街道时，听着自己踩在人行道上的脚步声，我清楚意识到自己的形单影只。没有人在等我，没有事情等着我去处理，没有任何的社交需求加诸我身上。或许我应该感到孤单，但是我并不认为。犹如一只猫，我选择自得其乐地享受独处。我自由自在地在这些古老的街道间徘徊，心中窃喜。

“揭开这位女英雄冷淡、严峻的面纱”，莫顿·福勒顿怂恿道。但长久以来，冷淡、严峻皆是牢牢依附于伊迪丝·华顿的特质。伊迪丝死后，《纽约客》杂志笔锋辛辣的驻法记者珍娜·法伦农称她为“老派的、拘谨的文艺界人士华顿女士”，接着，法伦农挖苦地说：“从梵伦纳路开始，伊迪丝·华顿以她的古板征服圣日耳曼区……甚至是就圣日耳曼区而言，华顿或许都还太古板了。”

珍娜·法伦农对伊迪丝·华顿如此毒舌是有原因的。巴黎有一派文艺分子，拥戴魅力无穷而且富有革命精神的格特鲁德·斯坦，珍娜·法伦农是此派杰出人士。与斯坦在花街（rue de Fleurus）主持的新潮沙龙相比，一身美好时代礼服的华顿女士和她普鲁斯特式[1]的沙龙就显得保守而古板。

或许，珍娜·法伦农不明白华顿和斯坦有多么相似。她们虽然是截然不同的两位女性，但对巴黎、对传统与自由、对文明社会的角色和女人在文明社会中的位置，却有一套共通的观点。

1940年，斯坦出版了一本叫作《法国巴黎》的书，这可说是一封献给她的第二祖国的情书。“法国巴黎是个既兴奋刺激又安详宁静的地方。”全书开头就是这句令人匪夷所思的短句，而且之后不时重复出现。一开始我很讨厌这个句子，一个地方怎么可能既兴奋刺激又安详宁静？这句话一点儿逻辑都没有，语意也不通。就我看来，这是最糟糕、最做作、最马虎的行文了。一开始，我也觉得这本书本身就很难读。

但这本有趣的小书渐渐把我吸引进去。斯坦循序渐进地探讨何以一个根本上保守的社会能为突破性的现代主义提供一片沃土。通过对中产阶级用人、农民、店主和宠物的刻画，她呈现出

[1] 普鲁斯特式：普鲁斯特，法国作家，著有《追忆似水年华》，在此，“普鲁斯特式”暗指怀旧、无法抛却过去。

一个以传统、秩序与仪式为基础的社会，让我们看到法国人对人性与生死无所不包的接受度和入世的态度。就斯坦看来，法国是一个复杂、不会感情用事的、高度文明化的社会。她说：“法国人需要文明化，而为了文明化……需要传统与自由。”

早在二十年前的1919年，伊迪丝·华顿也写了一封情书献给法国：《法式作风及其意涵》。当然，华顿女士的世界毋宁充斥着更多的公爵与院士，但从她截然不同的观点出发，得到的结论却是相似的。

华顿女士说：

在法国性格里有着某种根深蒂固的否认与拒绝反应，某种接触到未经尝试、未经验证的新事物就会退缩的本能，犹如昆虫在碰触到陌生物体时将触角收回。纵使规则背后的意义已经被遗忘，这种对规则本身毫不质疑的尊敬恒常扮演着一道必要的检查关卡，挡住世上思想最自由的人们推翻偶像的冲动。听起来可能很矛盾，但法国人对小事的态度很传统，正因他们对大事的态度很自由。

就像寻宝之旅中的关键线索，这对孪生的概念又出现了：传统与自由。既传统又自由的巴黎为这两位截然不同的女性开启了一个创造的空间，在这个空间里，她们可以开创艺术，或者开创人生。

我们可以轻易地为伊迪丝·华顿贴上保守人士的标签。众所周知，她不欣赏乔埃斯或艾略特，也不喜欢瑞克里芙·霍尔（Radclyffe Hall）颇具争议性的女同性恋小说《寂寞之井》（The Well of Loneliness）。但她之所以不予苟同，并非基于道德因素，而是基于美学观点。“形式”在她眼中是很重要的。就美学而言，如何处理一个题材与这个题材本身一样重要。某种程度上，华顿女士小说中传统的十九世纪形式与风格，确实也使得隐藏其中的创新题材相形见绌。

事实上，看似传统的华顿女士，骨子里自由得不得了。她激赏邓肯流畅的舞蹈，认为“她的舞蹈阐明了一切的美”。她也说，佳吉列夫[1]与作曲家斯特拉文斯基和他的俄罗斯芭蕾舞团以“狂野、自由的方式，推翻了旧有成规的障碍”。她敬佩斯特拉文斯基具开创性的作品《春之祭》与《火鸟》。

再回到格特鲁德·斯坦，她享有现代主义诞生于她的沙龙的荣耀，是一名女同性恋、一个突破传统的人、一位革新语言的发明家。她的朋友当中包括了文学与艺术的前卫派人士，比如海明威与毕加索。但这也不是故事的全部，在创新改革的表面下，格特鲁德和女友艾丽斯的生活既规律又一成不变，就像最乏味的中产阶级夫妻。她们犹如老姑婆般爱干净、爱挑剔，只是她们墙上挂的不是自然风光色粉画，而是现代主义艺术大师的作品。

[1] 佳吉列夫（Sergey Diaghilev，1872—1929）：俄罗斯芭蕾舞团团长，结合音乐、绘画和戏剧等艺术概念和舞蹈形式，使俄罗斯芭蕾舞具有新的活力，并将之从巴黎推广到全世界。

说到底，伊迪丝·华顿和格特鲁德·斯坦——谁会否认她们之间存在着可贵的不同之处？——为她们非比寻常的生命创造了一个秩序井然的架构。华顿女士隐性的革新精神与她对传统、老式庭园和礼仪深深的敬意和谐地共存着。相同地，斯坦的激进主义和她品茶与遛狗的习惯也和谐地共存着。她们寻求传统与自由，也赢得了传统与自由。

但事情不仅止于此。

巴黎对伊迪丝·华顿和斯坦而言，都很重要，因为它对待女人的方式。在巴黎，女人不会被视为文明的附属品或装饰品。她们是文明的工具与证据。女人就是文明。

“一个社会越文明，女人对男人的影响就越广，男人对女人的影响也越广。”伊迪丝·华顿说，“男女两性当中有才智、有教养的人都不会自囿于只和自己同性别的人深谈……两性的不公平长久以来存在于英国的清教徒文化中，危及人际关系的坦诚与自由。美国社会一旦予以承继，便无法体现真正的文明。”

格特鲁德·斯坦呼应了这个看法：“在文明化的过程中，男女关系、男男关系和女女关系有许多需要思考之处。法国男人爱熟女，亦即已有较多人生经历的女性，这一点，就和文明有关。”

针对巴黎，斯坦所说的话当中最著名的一句是：“重要的不是巴黎给了你什么，**而是巴黎没从你那里夺走什么。**”

我想，巴黎没从格特鲁德、伊迪丝或其他来到这里的女人身上夺走的，是她们创造的自我，由她们自己创造出来的、身为女性的自我。在巴黎，她们可以选择要当什么样的女人，异性恋或同性恋，一对多的或一对一的，创新的、独立的、开放的、传统的和自由的。

这就是巴黎何以兴奋刺激，也正是巴黎何以安详宁静。

在澳大利亚，我们爱的是女孩，年轻、清纯、天真、性感的女孩。倒不是说我年轻时是这样的女孩。年轻时，我是个苍白的书呆子，冬天会穿黑色裤袜，夏天会穿上世纪六十年代的二手连衣裙。也不是说我没有试着要变成皮肤晒成小麦色的比基尼辣妹，但就算试了也一样行不通。我无疑吸引不了男孩子。我所得到的战利品就是晒伤。

在法国，他们爱的是女人，成熟的女人。爱伦曾经告诉我，法国人认为女人要到了三十五岁之后才开始变得有意思。这就是巴黎何以总会吸引有名气或有内涵的成熟女性，比如觉得自己在这里受到欣赏的卡拉丝、奥丽维亚·德哈维兰或帕梅拉·哈里曼。而这也是何以少有法国女人移居国外的原因。斯塔尔夫人到了英国之后，着实困惑于英国女人被对待的方式："在你的国家，女人永远都被当成一个后生小辈吗？"她问邻居苏珊娜·菲利浦。"我觉得你姐姐（小说家布奈）好像一个十四岁的小女孩。"

但什么叫作一个女人、一个成熟的女人？年轻时，你以为心智的成熟必定自然而然地伴随身体的成熟而来，然而，事实并非如此。你可能已经三十五岁了，却依然像个小孩。

在当今社会，真相却是，心理年龄的成熟不再受到欣赏，所有媒体广告讲求的都是我们如何能够常葆青春、清纯、无忧无虑。在过去，孩童庄严神圣地迈入成年的阶段。月经初潮、二十一岁生日、结婚、怀孕生子是一个个的里程碑，也是一个个举行庆祝典礼的理由，但现今不再是如此，或至少也不再是为了宣示成熟而如此。

当我还是个女学生时，吃力地朝那栋白色修女院爬上山坡的我，就知道自己想要长大。我想要当一个练达的女人，虽然我还不太知道那意味着什么。我意识到在澳大利亚要达成这个目标并不容易。澳大利亚是一块古老的大陆，但却是一个年轻的国家，一个处于青春期的国家。最后，我的解决办法当然就是追求异国旅行的机会和有趣的工作，还有寻找能将这个不知天高地厚的少女转变为世故老成的熟女的伟大对话。我不觉得自己成功了多少。

几年前，我第一次也是唯一一次被外派到贝尔格莱德，当地的资深同仁是一位肉嘟嘟的塞尔维亚贵族，名叫玛莉娜。她任职于大使馆已有二十年了，“亲爱的，”她嘴角一撇微微一笑道，“你们这些澳大利亚女人，我看多了。你们全都一个样儿。你们是浪漫主义者。”她说得好像这个词是个骂人的字眼。“你们的期望太高了。”她说，“你们总是失望。男人明明是这样，你们却期望他们是那样。亲爱的，你得要学会该拿男人怎么办。欧洲女人呢，”她沾沾自喜地摊开那双戴着戒指、水水嫩嫩的手：“我们知道该拿男人怎么办。”

我垂下头一会儿，然后回到我黑暗的小办公室，继续为我远方男友的不忠咬牙切齿、心碎不已。我知道她是对的，可是我能怎么办？

伊迪丝·华顿也想过这个课题，并且难得地对自己国家的女人展现了同情的断言，美国女人就是成熟不起来，只因她们是美国人。

为什么欧洲女人对男人在做的事情感兴趣得多？因为她们对男人而言是那么重要，所以男人让她们觉得值得投入自己的时间。她们不是附属的或被排除在外的，因为她们就在那里，就在正中央。多数美国男人的真实生活又在哪里呢？在某个女人的客厅里，还是在他们的办公室里？答案很明显，不是吗？南北两个半球的感情引力有不同的中心。在阴柔的社会里，爱是中心；在我们的新社会里，工作是中心。

格特鲁德·斯坦同样曾经仔细评估过国家整体的成熟度，她也断言一个国家的性格对国民的人生与性情确实有着影响力。

法国人的确偏爱文明教化的成熟期更甚于骚动混沌的青春

期。法国人希望年轻人在脱离青春期时能学会自持、逻辑、文明与时尚。法国人认为童年和青春期不应理所当然地被视为终点，而是应该被视为迈向有教养的文明状态的过程。

如你所见，再一次地，文明、艺术和长大成人被联结在一起。

接着再看伊迪丝·华顿阐述："除非有一群成熟的男人与女人作为领导阶级，否则一个国家不可能有成熟的见解。而唯有在两性平衡的文明社会里，领导阶级才可能有成熟的男人与女人。"

有成熟的女人才会有成熟的社会，而成熟的女人又必须得在成熟的社会中才培养得出来，我们现在倒是陷入荒谬的两难局面了。

有些人认为对某种年纪的女人而言，将性爱抛诸脑后是一种成熟的表现，他们觉得性爱是年轻时或心智还不成熟时的消遣。法国人可不这么想。他们不会在性爱与年龄间画上等号。他们将性爱与性感画上等号。

当然，性是一件很私人的事情。但我看不出为什么一个女人在心智成熟的同时，性生活也玩完了。这不是什么小镇上的庆典，由尽职的镇长宣告结束；也不是监狱里的灯光，突然就会被一肚子火的典狱长给熄灭掉。相反地，性的奥秘有一部分在于从自身发掘出成熟的性感。在我看来，这份成熟的性感和年轻人的性感是不同的。**这份成熟的性感更加微妙，犹如陈年老酒或古董珠宝。**

当然，巴黎女子为熟女的潜在魅力提供了明证。这里，是我列的一份性感熟女名单：伊迪丝·华顿在四十七岁时和莫顿·富勒顿谱出恋曲；乔治·桑六十岁时与最后一位情人查尔斯·马西奥坠入爱河，马西奥当时三十六岁，她写道："感觉起来就好像每件东西我都是第一次看到。"斯塔尔夫人四十五岁时梅开二度；南西·米特福德四十出头时开始了她和高斯登·普洛斯基伟大的爱情故事。

还有柯莱特，她是一个活生生的例子，说明了年纪上的成熟并不保证你会变得更好或更有智慧，但你肯定会变得性感。1920年，柯莱特四十七岁，是一个强势的性感女人，但即使到了今天，她和十六岁的继子约弗纳（Bertrand de Jouvenal）传出不伦之恋，仍是一件令人震惊的事情。

那是一个夏天。在他父亲位于布列塔尼的度假小屋里，年轻、俊俏、真挚的约弗纳和继母及继母的两位年轻女性友人同住。柯莱特的小说《紫恋》正在报纸上连载，故事是关于一名年迈的交际花和年轻的小白脸间命定的爱恋。这也难怪有一天约弗纳从海滩跑回家时会注意到柯莱特正看着他，她挽住他的手腕时，他不禁一阵颤抖。她向他道晚安，亲了他一下——亲在他的嘴唇上。

在那之后不久，三个女人决定要让这个美少年"长大成人"。柯莱特提议由她们当中年纪最小的杰曼·波蒙特出马，但到了这个时候，约弗纳已经对柯莱特动了心。约弗纳告诉一名友人，他的继母"欲求不满、如狼似虎、经验老到、绝对会给你甜头"。

他们的畸恋断断续续维持了将近五年之久。

这里还有另一个展现了顽强态度与性感风韵的故事。二次大战期间，香奈儿继续留在已被德军统帅部征用的丽兹酒店里，和纳粹分子丁克拉格男爵（Hans Gunther von Dinklage）过从甚密。他是那种借机到巴黎一游的德国雅痞贵族，纳粹政权和这场战争对他而言只是无聊生活中不可或缺的小刺激。战争结束时，香奈儿接受审讯，当她被问到是否确实和一名德国人往来时，据传她回答道："说真的，我这把年纪的女人，如果有机会谈个恋爱，谁会想到要检查一下对方的护照？"

当然，五十七岁的香奈儿正是最美丽的时候。此外，像约瑟芬和南西·米特福德这样的女人都相当注重保养，直到晚年还保持美貌。但根据狄更斯的形容，乔治·桑就像维多利亚女王的奶妈般朴素。伊迪丝·华顿的打扮无可挑剔，不过看起来却像公园里一尊做工低劣的雕像。斯塔尔夫人体重过重，穿衣服又没有品位。

瞧，所以重点不在于她们的外貌，**而在于她们的生命力、气魄和神韵**。她们参透了如何当一个女人的学问，乃至于如何当一个熟女的学问。还有，她们不否定自己的情欲。

这是一个风和日丽的星期天，绝对值得你拿出最好的衣服来穿上街。我从瑞秋住处朝奥玛的餐厅缓步走去，享受着这一区宜人的气氛。到了奥玛家，我犹豫地推开餐厅沉重的大门。一片昏暗中，我看到几个年轻人或坐或靠或抽烟。他们见到我既不惊讶也不好奇。从巴黎宁静的人行道上步入奥玛家，感觉就像突然一脚踩进某部黑社会电影的一个片段里。

其中一名年轻人从后头走了出去，而后短小精悍的奥玛出现了，一副怡然自得的神态。我们双双走到外头，一会儿过后，刚刚那名年轻人开来一台奔驰，奥玛接手坐上驾驶座，我也被彬彬有礼地迎上了副驾驶座。

奥玛带我去蒙帕拿斯区一家有名的老字号餐厅“穹顶”享用午餐。他告诉我，他年轻时从北非来到巴黎，曾在这里当侍者，后来又服务于附近的圆顶咖啡馆。如今，他是个有头有脸的人物，侍者为他服务时会微妙而熟练地表现出敬意。我们坐了下来，品尝精致、清淡的鱼肉大餐。奥玛不喝酒，我则点了一杯。

奥玛呢……嗯，他看起来并不对我特别有兴趣。他没有问我一堆问题，只是仿佛很满足地坐着，断断续续地和我闲聊，谈话内容漫无章法，随凭兴之所至。我试图诱导话题，想问出他早年在巴黎的回忆，但我看得出来，他实在是记忆模糊了。又或许，那些往事已不再重要。我明白了他是个安静的男人、一个内心平静的男人。他已经赚了点钱，照顾着他的家族，受人尊敬与爱戴。

不过，奥玛对周遭的观察让我吃惊。

“你知道在圆顶咖啡馆楼下有个舞厅？”他说。

“哦？”我说。

“有些上了年纪的女人会去那里和年轻人跳舞，”他说，“聊以慰藉。”

“真的？”我说。

但对话就到此为止。

我们暗藏玄机的对话顿时让我想起年轻时的自己，也让我开始心神不宁起来。曾有一段很长的时间，我对于自我的认知相当薄弱。朋友和家人把我当成一个性格鲜明的个体来对待，仿佛他们很清楚我是什么样的人。但在内心深处，我觉得自己是一片混沌。表面上，我用一双条理分明的眼睛看世界，骨子里，我却满是杂乱的情绪与感触。套一句法文，我并不觉得 **bien dans ma peau**（我很好）。我就是不知道该如何将我内心林林总总、飘忽不定的特质组织成协调一致的性格，所以有时我觉得很难与他人产生联结，很难发掘藏在人们表面底下的真实自我。我想我太年轻又太晚熟，我的人格还正在发展。

午餐过后，奥玛似乎心情很好。“现在，让我带你看看巴黎吧！”他说，“想不想去清真寺？”

清真寺很美，就坐落在第五区边缘靠近植物园的地方。白色的尖塔底下是上世纪二十年代的摩尔式建筑，有着白色的圆柱长廊、水声琮琤的喷泉、铺了蓝绿两色地砖的庭院。除了清真寺院本身，还有图书馆、公共澡堂和茶馆。茶馆装潢精致，有座椅、彩绘天花板、靠垫、马赛克瓷砖和丰富鲜艳的色彩。四处看过后，我们转移阵地到茶馆小小的庭院里，搭配薄荷茶吃着甜食；薄荷茶讲究地盛装在绘有金色图案的彩色玻璃壶内。星期天的阳光洒落在这一块空间里。

奥玛第一次流露出有如回到家的自在模样，我顿时明白，对他而言，巴黎的这一小块地方，这一个回教徒的世界，对他而言比任何他自己的顾客时常出入的俗丽餐厅都更有意义，仿佛在这里，他才是个完整的巴黎阿尔及利亚人。这样的文化融合让我想起在地铁上看到的那些非洲女人，她们有着漂亮的卷发和丰唇，头巾和长袍的颜色都很鲜艳，脚上则穿高跟鞋。她们为传统服装增添了赏心悦目的新风貌。

我一度紧张兮兮地觉得，有和这位约我出来共度下午的奇特男子打开话匣子的必要，但现在我放松下来，怀着一种度周日的心情，享受地坐着聆听他的家族故事。有些故事部分我并不明了，因为那不是一种以我为对象的对话，而是一种以他自己的内心或回忆里某个内在时空为倾诉对象的剖白。

在我们动身离开前，话题谈到英国王妃黛安娜在巴黎发生的死亡悲剧。奥玛顿时神色凝重。

“你知道黛安娜是因为她和一个回教男人的恋情而死？”

我一副吃惊模样。

“当然，很肯定的是，”他苦涩地说，“她在这里很自由，但那些英国人，他们不放过她。”

我们朝车子走回去，奥玛试探地伸出手环住我的腰，我巧妙地躲开了。我们小心翼翼地保持微笑。

奥玛放我下车时对我说：“你下次来巴黎，再来看我。”又说：“你会写我和我餐厅的事吗？”

我走进门去，看见瑞秋躺在躺椅上读《浮华世界》杂志。

“如何？”她问。

“怪得很，”我说，“但还不赖。”

伊迪丝·华顿的死是全民大事。她是一位知名的伟大作家，相当富有，也相当受人敬重。而且，她已为自己的辞世做好安排。她的信件和笔记整理得有条不紊，有些文件甚至标明“给为我作传的人”这样的记号。她很清楚历史会拿她来论断，而她的书信和文件最终将构成华顿女士完整样貌的一部分。

女人即政治

除了发展我们的能力，还有什么叫作快乐？

——斯塔尔夫人

在堪培拉工作时，我遇到过好些投身政界的女性，她们多半是劳工阶层，也几乎都受过上世纪七十年代女性主义的洗礼，当中有许多人是通过工运而踏上政治一途。她们为妇女团体奋战，也享受到胜利的美妙滋味。这些热血分子会闹哄哄地涌进办公室来见副总理，态度一如她们的大垫肩套装嚣张。她们比手画脚、慷慨激昂地针对幼保与产假的议题提出批评，副总理则模棱两可地笑着挥挥手打发她们，口头承诺也许哪天有机会能做些什么。

撇开一头蓬松长发和脸上鲜艳的彩妆、政治正确的女性主义议题和盛气凌人的谆谆教诲不谈，我总觉得这些女性从政者和她们的男性同僚竟是如此地相像。这些女人将自己某种程度地去女性化，就像男人一样。这并不是说从政者都没有性生活，绝对不是如此。堪培拉是一个恶名昭彰的欲望城市，政界的男男女女都将公领域和私领域有意识地划分开来，他们的卧房位于离办公室很远、很远的地方。

取道法国国民议会所在地“波旁宫”（Palais Bourbon），走进圣日耳曼区最富裕的地带时，我不时会经过一家精致的小店，店内展示着绣工精细的床单、枕套和手工薄纱丝质睡衣。法国人对于卧房里的日常活动相当自在；事实上，几个世纪以来，卧房在法国的公领域都扮演着重要角色。波旁王朝历任国王会举行正式的起床与就寝仪式，地点往往是在一间富丽堂皇的大房间，但那并不是他们真正用来睡觉的地方。朝臣若能出席国王的起床与就寝仪式是莫大的特权。更有甚者，每当国王主持国是会议时，他会坐在一张天篷床上，也就是法文说的 lit de justice（正义之床）。或许很诡异，但这显然强烈地象征着国王至高无上的圣权。法国大革命早期一场关键的议会辩论过程中，路易十六在他的天篷床上睡着，一路打呼直到议会结束，有些人认为，**这就决定了他自己日后的命运。**

法国人的卧房同样具有重要的社交功能，十七世纪的沙龙女主人常在卧房接待朋友，许多人都在她们的床和墙壁间设有躺椅，让朋友造访时可以躺在上面。至今，卧房仍是惊喜的来源。我去过卡那瓦雷博物馆里模拟重建的普鲁斯特卧房和卢浮宫里雷卡米埃夫人的卧房，他们的床小得不得了，仿佛以前法国都住着一些体形娇小的迷你人。

但现在只有一间法国人的卧房是我真正感兴趣的，卧房主人是一位政治运动分子，她不只拒绝在公共领域被去女性化，甚至公然粉碎了传统上划分公众事务与私人情感的界限。她就是斯塔尔夫人，活在 1766 至 1817 年间骚动混乱的时代。诗人拜伦说："她在这个时代、甚至任何时代都是首屈一指的女作家。"

斯塔尔夫人的卧房是欧洲自由主义政治及先进思想的总部，一长串的情人——从士兵、政治人物、外交官到学者——他们的生涯成就都要归功于她的影响和激励。她要写文章、写小说、主持欧洲最重要的沙龙，还要当拿破仑的头号死对头。但在情欲交流间，她介入情人们的工作，校订讲稿和文章，对战术和政策提出建议，为他们厘清思路、纠正逻辑上的错误，这一点儿也不会妨碍她自己原本已有的庞大工作量。在政治上，她没有正式的头衔与职位，但一切的成就就这么达成了。

在阅读巴黎女性故事的过程中，斯塔尔夫人是我的一大发现。我惊讶自己竟然不曾听过她，我得说我知道一些拿破仑和威灵顿公爵[1]和塔列朗[2]的事情，但，嘿！为什么没人告诉我有斯塔尔夫人这号人物？

事实上，出于种种不同的原因，斯塔尔夫人的生平令我感动，却也不时地干扰着我。原因之一或许是她的一生，无疑地挑起了女人与权力这个令人骚动又不安的问题。

我现在人在梵伦纳路五十二号，正站在一块牌子前（对，又来了）。巴黎各处一定有成千上万块这种牌子，就像是寄自古老年代的明信片，但这一块是我的最爱，上面写着：

加利费府邸：意大利文化学会身为执政内阁的一员，塔列朗于外交部长任内将这里作为政治生活的中心。一七九八年一月三日，斯塔尔夫人在此被引介给拿破仑，也开始了他们的互相

[1] 威灵顿公爵（Arthur Wellesley，1st Duke of Wellington，1769—1852）：十九世纪英国最重要的军事家与政治家，于滑铁卢战役大败拿破仑，曾担任英国首相。
[2] 塔列朗（Charles Maurice de Talleyrand-Perigord，1754—1838）：法国政治家和外交家，曾支持拿破仑，任职外交部长及宫廷侍卫长。后来却因反对拿破仑的对俄政策而辞职。之后，塔列朗支持并运作恢复君主政体，路易十八请他担任外交部长，并代表法国出席维也纳会议。

仇视。

想象一个寒冷但美好的冬日夜晚，从大革命前的旧政权时代以来最盛大的舞会正蓄势待发。五百名宾客步下马车穿过庭院，庭院里一排排古典的白色廊柱上绘有军武场景，栩栩如生的帐篷与旗帜呼应着拿破仑新近在意大利的英雄事迹。在这幢美丽的宅邸里面，空气中飘荡着琥珀的香气，低挂的吊灯上有千万支闪烁的蜡烛，使得屋里的味道更加浓郁。阶梯上排满了鲜花，华尔兹乐曲首度在法国响起，薄纱礼服随着女客的举手投足轻轻款摆。与会嘉宾一身的光鲜亮丽令他们自己都目眩神迷，渐渐地，他们才回过神来意识到自己正跃升为法国政治新纪元的精英分子。这正是舞会主人塔列朗的目的，今晚他将改写贵族阶层的定义，改写国王二字的定义。

斯塔尔夫人从她位于巴克路（rue du Bac）转角的家抵达宴会厅，鲜艳的头巾和黑色卷发将她的身影装点得五彩缤纷。她摇曳生姿地快步穿过庭院，对眼前的排场不为所动，她以前就见识过这等场面了。她的瑞士籍父亲是银行家，也是法国最富有的权贵之一，曾在路易十六麾下担任财经部长。今天这场舞会的主人塔列朗是她生命中的第一任情人，多亏了她在政治上的影响力，他才能坐享外交部长的职位。她对这一批新时代政治家的强项与弱点了如指掌，毕竟他们当中大半都会进出她的沙龙。在她看来，这场革命无非是“让利欲熏心的恶棍取代犯下滔天大罪的恶棍”。

大家都知道塔列朗行动不便。当舞会进行到高潮，他一跛一跛缓步领着他的贵宾约瑟芬进场——薄薄的长袍和浮雕王冠烘托出她优雅的贵族气质，但斯塔尔夫人注意到的是跟在她身后的男人——穿着军服、端正规矩、气色不好、身高不高的英雄拿破仑。如同许多稳健派人士，她相信集革命热情与军事才能于一身的拿破仑是为法国带来社会稳定与政治民主的绝佳希望。

于是，她在楼梯底拦下他，又在小沙龙厅现身，一路尾随他到餐桌边，试尽了她所有的攀谈技巧。她是法国最有影响力的人士之一，她可以“帮助”拿破仑。她期望拿破仑给她响应、和她结识一下，甚至直接认出她是谁，又或许，是的，被她出了名的魅力迷倒。但他无动于衷。

他们最后的对话糟糕到被人们经年累月地议论下去。

“将军！”斯塔尔夫人嚷道，“谁最能代表您理想中的妻子？”

“我自己的。”拿破仑答道。

“那是当然的了，不过，什么样的女人才是您最欣赏的？”斯塔尔夫人咬着话题不放。

“最懂得持家的女人。”我们的英雄说。

斯塔尔夫人最后要他回答：“谁是最伟大的女人？不论古今。”

拿破仑看着她：“生了最多孩子的女人最伟大。”

牌子上说这是他们“相互仇视”的开始，这样的说法将这两个死对头放到同一个天平上去了；毕竟，只有平起平坐的人才有所谓“互相”可言。

但事实上一开始这种感觉并不“互相”，因为唯有拿破仑单方面怀有敌意而已。说真的，我很能理解为什么。这么直接地被问到“女人”的问题，难怪他会被惹恼。对他而言，这无疑是当面受辱。从那一刻起，拿破仑就只把斯塔尔夫人当成一个“女人”来看待。到死为止，拿破仑加在斯塔尔夫人身上的称号未曾稍离她的性别。他这么形容她，“那个随便的女人”“那个妓女，丑八怪一个，疯女人”。她终归就只是“那个女人”。

然而，斯塔尔夫人并没有耽于个人恩怨。在法国未见一个更优秀的领导者出现的情况下，她不顾拿破仑对她的反感，仍旧为他背书、与他往来。一回，她甚至出现在拿破仑位于钱德宁路的小房子，管家告诉她拿破仑正裸着身体在浴缸里，她嚷嚷道：**“无所谓，天才没有性别！”**

拿破仑从埃及回来后，于1799年11月对内阁政府发动军事政变，斯塔尔夫人勉强继续拥戴他，但她的支持也是有限度的。当他的态度越来越趋向社会保守派，转而朝极权主义发展，又频频挑起战争，她就不再奉陪了。再怎么热心多事，她也不会去当日渐成形中的拿破仑帝国的盲目拥护者。

1800年1月4日夜里，斯塔尔夫人的情人康斯坦特[1]正在为他对拿破仑审议院的首次演说拟讲稿，他打算呼吁审议院独立出来，表示若不如此“将只剩奴役和沉默——全欧洲都会听见的沉默”。他知道这会激怒拿破仑。当晚，斯塔尔夫人家中聚集了一大票宾客，拿破仑内阁全体阁员有一半都在其中，甚至包括拿破仑自己的兄弟。康斯坦特警告斯塔尔夫人道：“今晚，你的客厅里满是你欣赏的人，等我演讲完，那里将会变得一片荒凉。”斯塔尔夫人只对她的情人说：“人要听从自己的信念。”

事情的发展一如康斯坦特所料，拿破仑对他的演说大为光火，而且不只怪罪他，也怪罪他的情妇斯塔尔夫人。她的常客霎时都对她的沙龙避之唯恐不及。有一段时期，她在社交圈受到排挤。媒体已经落入拿破仑的控制中，并且抨击斯塔尔夫人道：“人丑不是罪，但通奸是罪。”

时序来到1800年春，斯塔尔夫人出版了《论文学》（On Literature）一书，书名说是论“文学”，实际探讨的主题则是艺术自由。

它的成功意味着我又回到社交圈的拥抱中。我的沙龙再度涌入人潮，我也再度发现谈天论地——在巴黎谈天论地——的乐趣，我得承认这是我所知最富启发性的乐趣来源了。我的书没有

[1] 康斯坦特（Benjamin Constant，1845—1902）：启蒙时代哲学家，人称自由主义之父。

一个字提到拿破仑，但书中确实有些相当率性的感触，被我颇为强烈地表达出来了。

除了斯塔尔夫人自己，对她那些率性感触的杀伤力最有感觉的就属拿破仑了。她这是在架构一套连贯的思想体系，挑战拿破仑政权的独裁基础。他所布下的眼线会汇报她的一言一语，他就坐在浴缸里听取传来的消息。“我在一英里之外就能闻到她的味道。”他咬牙切齿地说。最后，拿破仑欲绝后患，他要他的哥哥约瑟夫查出斯塔尔夫人到底想怎样，“要留在巴黎？拿回法国欠她父亲的资金？还是怎样？”他应该心里有数才是。

“问题不是我要什么，”斯塔尔夫人说，“而是我怎么想。”

1801 年初，拿破仑和斯塔尔夫人最后一次面对面。她准备了很多东西要对第一执政说，但拿破仑只是看看她的低胸礼服和袒露的胸部，无礼地说：“夫人，你的小孩都是喝母乳的吧？”

我当然会想，如此一来，斯塔尔夫人怎么回应？厉声抛出一句妙语？茫然地笑一笑，接受这种羞辱？气得火冒三丈？但很令人扼腕的是，历史并未记录接下来发生的事情。然而，我很确定我明白斯塔尔夫人的感受。她是个敏感的思考型人物，这很伤人，她很受伤，但之后还有更糟的情况。

1802 年，拿破仑让自己从第一执政变成终身执政，巩固了地位之后，他公然语出恐吓地对哥哥约瑟夫说：“传话给那女的……建议她不要挡了我的路，不论是怎样的一条路，不论这条路通往何处。否则，我会毁掉她。”

斯塔尔夫人发表过一句饶富兴味的话，“真正的欢愉之于我，**仅存在于爱、巴黎与权力当中**”。爱与巴黎，是的，这很容易让我们点头赞同。但有多少人会认为权力是一种欢愉？多少人会承认权力是一种欢愉？在现代，权力已然成为一个肮脏的字眼，对政治权力的渴求尤其遭到唾弃。再说，斯塔尔夫人不会从她积极的政治行动中获得什么。事实上，身为一个富豪之后，她为政治失去的还更多。

1802 年冬天，斯塔尔夫人出版了她的首部小说《黛尔芬》(Delphine)，故事背景设定在法国大革命时期，情节完全着墨在社会如何虚伪、残酷地对待一个充满热忱且天资过人的女人。书一上市立刻大卖，就连在巴黎的英国观光客都待在房间里，轮流传阅直到看完。“我们都泪如泉涌。”巴萨伯尔夫人[1]写信回伦敦时，在信里如此形容。

这本书其实是很有意思的一份文献。它是伪装成文学的政治。在拿破仑钳制女性独立人格的时代，《黛尔芬》鼓吹女权。在拿破仑与教宗商讨政教协定时，《黛尔芬》暗示性地批评天主教会。在拿破仑全面厉行国家管制时，《黛尔芬》广为颂扬自由

[1] 巴萨伯尔夫人（Lady Bessborough）：十八世纪末、十九世纪初英国贵族女士。

意识。更有甚者，书中提到了拿破仑的名字一次。

《黛尔芬》让拿破仑气得怒火中烧，甚至一时失去理智想取斯塔尔夫人的性命。但他另外想了个法子，对斯塔尔夫人而言，这个办法之残酷无异于要她受死。拿破仑将斯塔尔夫人逐出法国，驱逐令长达十二年之久。斯塔尔夫人悲凉地说：**“法国就是全世界，法国以外的地方什么都没有。”**

这里是巴克路。在斯塔尔夫人流亡的那几年，每当想起巴黎，她的思绪就会飘到这条路上。1786 年，二十岁的她是瑞典大使的新娘，在这里开始了她的第一座沙龙。当然，我试着找出她住的到底是哪一栋房子，但史料上的记载有点出入，或许只得作罢。说不定 102 号这栋别致的宅邸就是这位年轻的沙龙女主人款待宾客的地点？我不确定。我知道斯塔尔夫人住过这一区的不同地方，第七区是她在巴黎一块特别的地盘。巴克路之所以重要，是因为它象征了斯塔尔夫人在这座城市中所钟爱的一切，也象征了她被迫要抛诸脑后的一切。

逃亡期间住在日内瓦郊外富丽堂皇的卡比特城堡，就算过着穷奢极侈的生活，也不能给斯塔尔夫人安慰。她说瑞士是“一大梦魇”，她抱怨卡比特城堡“地狱般的死寂”。地方上邻居的陪伴只会加深她的绝望：“想想看，我从小就浸淫在高尚脱俗的谈话内容当中，如今从早到晚听的却都是让我打哈欠的某某小姐会和一样让我打哈欠的某某先生结婚。”英国那边也一样：“我从各个角度把这个国家翻过来又翻过去，想看看它有没有什么不一样的风景，截至目前还没有成功……我除了无聊还是无聊。啊！巴克路的小水沟啊！”她会这么叹道。

斯塔尔夫人有时会溜回法国，有几次她甚至一路回到巴黎。她会在重重的伪装之下，挑夜晚时分外出散步，呼吸第七区宝贵的空气。但拿破仑的眼线到处都是，每次她都遭到围捕，面临再度打包走人的命运。

对斯塔尔夫人而言，法国代表文明，文明则意味着爱、政治、艺术以及最重要的——谈话。她写道：“只有在法国，谈话才是一种才华……在其他国家，谈话的作用代表礼貌、进行讨论和搭起友谊的桥梁。在法国，谈话是一门艺术……”她又补充道：“德国女人难得显露出那种让谈话热络起来、让想法流动起来的活泼个性。这种乐趣**只有在最机智、最辛辣的巴黎社会中才能找到，**必得是一位来自法国首都的精英分子，才能带给你这么难能可贵的消遣。”

而这种乐趣，这种难能可贵的消遣，既不空洞也不浅薄。法国大革命接近尾声时，史上最难对付的政治家塔列朗结束在美国的流亡。归来之后，他一跛一跛地直接前往斯塔尔夫人的沙龙。当他被问及为什么不谈论政治，却花这么多时间和女人相处，他答道：“但女人即政治。”某方面来说，斯塔尔夫人在爱、巴黎与权力当中找到的乐趣都属于同一个大架构。政治一词的英文是

politics，politics 的字根是 polis，polis 在希腊文里则是城市的意思。对斯塔尔夫人而言，巴黎是文明的中心。依照她的世界观看来，参与政治是文明的体现，而体现文明正是一种欢愉。

今天，这一区仍旧是这座城里最美丽的地方之一，有隐秘的花园和喷水池、古董店、艺廊、珍本书商和有趣的建筑物。到了某一处，巴克路变窄了，我来到一个宜人的购物区，这里聚集了一些食品贩卖店。在斯塔尔夫人的时代，巴克路或许正是这副模样。我的目光愉快地追随着庄严的十八世纪建筑——讲究的山形墙、锻铁阳台、造型拱门。这里有一个新艺术[1]风格的别致店面，在这么多古典简约风格建筑的环绕之下，竟显得现代得令人惊讶。

现在，在我看来，斯塔尔夫人就像是要在史上一个巨大的蜕变过程中找出一条路，或甚至杀出一条血路。她可能是唯一曾与启蒙时代大师伏尔泰和新浪漫主义时代鬼才拜伦都投契地交谈过的人。虽然她目睹十八世纪旧秩序瞬间瓦解，贵族、沙龙、聪明机智的女性和启蒙哲学家百家争鸣的盛况随之而去，但她并不为此过度悲伤惋惜。理性时代的思想理所当然会得出“民主”这样的结论，她是少数拥抱这个事实的人之一。她欢迎民主，乐见自由与平等带来的全新展望。她想成为新时代的一分子，塑造这个新时代。

[1] 欧洲新艺术（Art Nouveau）：于十九世纪末、二十世纪初兴起的装饰艺术运动，为十九世纪学院派艺术之反对派。

但德梵夫人强烈捍卫旧有的贵族体系似乎也不无道理，毕竟法国大革命之后诞生的新政权并不愿意让才智兼具的女性有发挥空间。拿破仑积极地压制她们，斯塔尔夫人比谁都明白这个问题，她写道：

女人就像叛乱分子般令拿破仑恼火。一方面，她们对他的政治欲望来说没有用处；另一方面，她们不像男人那么容易受到权力所带来的希望与恐惧左右。于是，他享受对女人口出恶言的乐趣……从大革命时代早期，他就对深受女性影响、辉煌灿烂的巴黎社会怀有某种激进党员式的反感。他害怕“冷嘲热讽”这一门艺术，而我们必须承认，冷嘲热讽的功夫就属法国女人最在行了。如果拿破仑有意愿扮演好大将军与共和国第一执政这些值得骄傲的角色，他就能稳坐天才军事家的宝座逍遥度日，而不会受到展现沙龙式机智的带刺话语攻讦。然而，一旦他决定要当一个暴发户式的国王、一个坐上王位的中产阶级士绅，那么，他必然会让自己身陷在只能用间谍活动和恐怖统治来镇压的社会舆论当中。而间谍活动和恐怖统治，实际上正是他的手段。

我读过几本拿破仑的个人传记和拿破仑与约瑟芬两人的传记，没有一则对他心理状态和政治作风的评论像他最厌恶的女人所写的这一段分析般，让我觉得这么见解深刻、一针见血、鞭辟入里。

我在一家很朴素的咖啡馆坐下，这里唯一起眼的就是陈列着无数品牌的香烟。我拿出斯塔尔夫人的第二部小说，亦即她在流亡期间于 1807 年出版的《柯妮，或者意大利》（Corinne or Italy）。故事围绕着一名意大利与英国混血的才女，刻画她和苏格兰伯爵欧斯瓦德·纳维利的感情。他们谱出了热烈的恋曲，但各自背负的秘密终究导致这段关系的决裂。纳维利伯爵最后娶了和柯妮有一半血缘关系的妹妹，她也是个杰出的女性，不过没有柯妮那么地才气过人。对于离柯妮而去，他觉得有罪恶感，也觉得很悲痛，结果他的婚姻并不幸福。柯妮则为此心碎，慢慢地死去。但在死前，她一定要让这对夫妻破镜重圆，好确定她死后仍活在他们心里。

《柯妮，或者意大利》不无瑕疵，但令人惊艳。柯妮是斯塔尔夫人的化身，和她一样有着用头巾包起来的黑发、粉雕玉琢的手臂、会说话的黑色眼眸，以及能言善道的天分。甚至，为了强调自己和笔下这个人物的密切关联，柯妮的画像就是以她为模特儿画的，背景则是意大利的那不勒斯，另外点缀着一把七弦竖琴。

小说一开始，斯塔尔夫人就清楚呈现出一件事情，柯妮是高高在上的。我们首度与这位知名抒情诗人打照面时，她正在罗马神殿里的一场庆典上，准备接受加冕：

柯妮坐在风格古老的马车里，身穿白衣的女孩随行在侧。凡她所经之处，浓郁的香水味就随之飘散到空气中。每个人都从装饰了盆栽与红旗的窗口探出头来看她，人人大喊着：柯妮万岁！天才万岁！绝世佳人万岁！

在这场表扬她的盛会上，柯妮的才华被一一列举出来：想象力、艺术天分、过人的才智、深刻的美德。纳维利伯爵公开赞赏她："才女啊，你是谁呢？""你哪来这么多看似不可能集于一身的魅力：敏感、深度、欢乐、优雅、随性、端庄？你是一种幻觉吗？你将为与你邂逅的人带来天堂般的幸福快乐吗？"

纵使在今日，一个女人透过笔下的化身如此吹捧自己，也会被人嗤之以鼻。斯塔尔夫人放肆的自矜自赏令人吃惊，让人感觉不舒服。

不过，在当时的人们看来，斯塔尔夫人并不是柯妮那样的人。柯妮优雅从容，斯塔尔夫人笨手笨脚。大家都知道，当她还是个年轻女孩时，她去觐见法王路易十六和皇后玛丽·安托瓦内特，却被自己的礼服绊到从马车上摔下来。柯妮苗条纤细，华盛顿总统的法国外交大使莫里斯很欣赏斯塔尔夫人，但认为她看起来像女服务生。柯妮应对得体，十足英国人性格的马博罗公爵在伦敦的晚宴上见识到斯塔尔夫人羞死人的低胸礼服和自顾自地喋喋不休时，他大叫道："放我出去！"

最显著的不同是，柯妮虔诚、纯洁，死心塌地爱一个人。斯塔尔夫人一生则谱出许多恋曲，而且多半错综复杂、纠缠不清。比方说，斯塔尔夫人和康斯坦特的关系始于 1794 年，若有似无地一直持续到 1810 年。早期，康斯坦特就如同斯塔尔夫人其他的爱慕者般为她神魂颠倒："一言以蔽之，她是一个与众不同的人，一个超凡脱俗的人，这样的女人，一世纪只会出现一位。"他盛赞道。

但也如同其他人一样，康斯坦特和斯塔尔夫人之间复杂的情感束缚，虽一度令他意乱情迷，最终还是使得他恼羞成怒。"她喋喋不休的责备如影随形。因为她的处境，我总是处于大众瞩目之下。而且，我无法掌控自己的人生。"他怨道。他寄情于嫖妓和写日记，情不自禁地在日记中写着和斯塔尔夫人的事情："一个已经不再爱了的男人和一个不愿停止被爱的女人，这是一段糟糕的关系。"两人各自投向别人的怀抱，康斯坦特甚至偷偷娶了另一个女人，但他对斯塔尔夫人还是无法割舍，更为此郁郁不乐。

最后，康斯坦特将这段经历升华为小说《阿道夫》(Adolphe)，故事是关于一个上了年纪、很黏人的女人和一个困惑的年轻人之间的恋情。1816 年在巴黎的一个春夜里，康斯坦特为十五位听得如痴如醉的听众朗读《阿道夫》，费时三小时。接近尾声时，听众之一惊讶地注意到康斯坦特开始颤抖、啜泣。受到这样的情绪所感染，听众也骚动了起来，气氛浓烈而紧张。

突然间，康斯坦特又从啜泣转为歇斯底里地大笑。在他的日记里，关于那一天，康斯坦特写道：“读我的小说吧！疯子们！”

康斯坦特绝望地说因为和斯塔尔夫人的关系，他随时处于“大众瞩目之下”，这话毫不夸张。这位女士可不是个避世的艺术家，至少，她一点儿也不像简·奥斯汀。与她生活在同一时期的简·奥斯汀此时正在英国乡间过着恬静生活。写完第二部小说时，斯塔尔夫人已是欧洲首要的政治运动分子。以卡比特城堡为基地，她跨越欧洲大陆与俄国沙皇、英国首相和德国哲学家对谈。她发表重要的政治论著和文章。在巴黎时，她的沙龙是欧洲日渐成形的反拿破仑运动的中心。《柯妮，或者意大利》出版四年之后，“欧洲有三大势力，英国、俄国和斯塔尔夫人”的说法不胫而走。日后，拿破仑说：“她在卡比特城堡的房子成为名副其实的军火库，针对的敌人就是我。反而是在那里，**她赢得了她的地位。**”

所以，当斯塔尔夫人写下《柯妮，或者意大利》并付梓出版时，可能惹人非议的危机不只是她理想化的自画像，还包括这部作品将被国王和皇后、首相和将军、我方和敌方严格审视，包括拿破仑。

斯塔尔夫人写下《柯妮，或者意大利》时，她脑袋里在想什么，我不太确定。她是一个复杂的女人，而这是一部层次繁复的作品。这部作品或许是斯塔尔夫人对她无法达成的理想自我的感叹，也或许是她揭露内在真我的方式。又或许，这是一部很聪明的作品，斯塔尔夫人技巧性地通过它教育大众。柯妮不像她那放肆张狂、惹人非议的创造者，柯妮十足地女性化，她拥有那个时代的女人想要成为的一切特质，然而就连这样的模范人物都还得站出来要求出人头地的权利。似乎斯塔尔夫人透过这个形象给读者一个挑战，要他们去想象一种新的秩序、一个传统女性特质和过人的天资可以和谐并存的世界。

书中，柯妮下了一个气势恢弘、发人深省的结论：

除了发展我们的能力，还有什么叫作快乐？……精神上的自杀和肉体上的自杀有何不同？灵魂和心智如果必须窒息，继续没有目标的不幸生命又有何意义？……有伟大思想和丰富感受的人难道不该将所思所感和全世界分享？女人难道不该像男人那样，根据自身的性格和天分开创自己的道路？我们难道永远都要模仿蜜蜂的天性，成群结队地盲从，没有进步，也没有改变？

在现代政治、现代生活中，人们习惯将自己的一切明确分割成一个个区块。但身为政治家和艺术家，斯塔尔夫人打破公私领域的疆界，在获取政治影响力的同时不忘探索女性特质的极限，在我看来，她也借此为所有女性开拓了人生的可能性。

斯塔尔夫人仍旧面临着挑战。

举例而言，我在想，两百年后，一个像我这样的女人或多或少地决定从现代社会潮流中离队，这是否意味着什么？倒不是说我曾经想加入政党，成为政坛玩家，从来没有这种可能。事实上，如果在某些有影响力的民间组织工作，我还比较可能有成功的机会，外交经贸部就有许多活生生的例子。大型私人企业一样也是现代势力的据点，但我从这个领域撤退了。

我欣赏勇于参与公共事业的女性，即使我自己避之唯恐不及。相信我，当我像个无业游民在巴黎游荡，我很清楚地意识到那份讽刺。

对于我撤退的原因，我至少能指出一点，那就是你得忍受阶级制度，才能在现代社会的主流机构中有所成就。现代机构由男人一手创造而成，而他们依据的典型是早期最有效率的团队组织——军队。我们其实不应感到意外，现代组织的头号改革者正是拿破仑。公职体系、欧洲的教育和法律制度、商会组织，都是拿破仑架构出来的，他所凭借的是军事化的构想，一切以阶级、形式和责任为基础。从某方面来说，这些都是值得赞赏的概念，只是不符合我的作风。事实上，我也无法想象斯塔尔夫人与管理顾问晤谈的画面。

我想起有回和某位男性朋友的谈话，当时我着实吃了一惊。话题是关于大型机构里的女性以及她们何以表现不尽理想。我们漫无目的地聊着，内容杂乱无章，但话锋突然间一转。

“这个嘛，当然了，”我的朋友突然说，“还有一个事实是，女人真是要命的噩梦。”

我大为震惊：“你什么意思？”

“这个嘛，男人是部落的生物，他们认同阶级这玩意儿。就像一支球队，有一个领队。或者像文坛有大师，比方说莎士比亚。不管是领队还是什么天王级人物，反正这个人最大，对吧？不论他说什么、做什么，没有人会去挑战他的权威。但是女人呢，她们就是不能接受这一套。”

“嗯……”我怀疑地说，“可是，如果你和领导者意见相左呢？”

“这个嘛，”他说，“如果你已经准备好要和他一争长短、坐上他那个位置，你会公开表态，公然挑衅他。你想好策略，发动政变。如果成功了，你就是老大，一切由你做主。如果你不够好，自然有人把你踢下台。这是一个很合理的过程。”他语带惋惜地说：“女人呢，她们以为只要老大做了蠢事，就应该表示反对。”

啊？我的脑海里瞬间就浮现出四起发生在我职场生涯当中的事件。四次都是我跑去找我的男性主管，点出我认为应该是基本常识而他们却没做好的地方。对于我的意见，他们表现出包容，有时甚至欢迎，但我总感觉他们不自在，仿佛男性的尊严受到了挑战。现在我明白这意味着什么了。我在扰乱秩序，我在动摇阶级。一如斯塔尔夫人所言：“女人就像叛乱分子般地令拿破仑恼火。”

“你们这些姑娘家，”我的朋友又说，“你们不是部落的生物。**你们是无政府的生物！**”

我对这个男子汉的想法还挺有同感的。这些想法确实解释了我自己在工作中曾遭遇的一些令人费解的互动状况。有意思的是，这些想法也说明了女性从政者——也就是那些涌进副总理办公室的狂热分子——何以一筹莫展。她们之所以显得去女性化，或许正因她们确实被去女性化了。她们被困在阶级体制里，玩着男人玩的游戏。

我寻思着这一切的涵义，我的朋友突然又将话锋一转，他显然很爱这个话题。

“当然，你知道，情况就要改变了。”

“啊？”

“网络正在改变一切。网络正在创造一个更为自由开放的世界。过去由主流机构掌控的局面，未来将不再如此。现在是网络化的时代，人们可以独立自主。大家若有相同的目标，可以聚在一起，不需要再忍受旧有的部落式阶级和形式上的规范。这可适合女人多了。”

“天可怜见，”他哀怨地作结道，“你们可能会称霸全世界。”

当时，我不太清楚该如何看待这一段对话，但现在我渐渐有了眉目。斯塔尔夫人试图要在区别十八与十九世纪的那一道危险的海峡当中摸索航向，或许，我们今日正处于另一个蜕变期，也正摸索着属于我们的航向。

我坐在这里，有个想法，或说有个意念，在我脑海中浮现。感觉起来，就像它已在我心里的某个角落若隐若现了一段时间，只是这会儿才要定形。除了主卧房，我的公寓还有一间小卧房。那是我写作、思考的地方，我的书乱七八糟地塞在老旧的书架上。我一直有意无意地考虑着要在这房间里工作，靠写写东西维生。我也一直有意无意地忽视这个想法，因为它看起来是那么了无新意、无足轻重。

不过，或许这个想法也没那么糟糕。我能通过网络与世界接轨，当然也参与其中。更棒的是，我不再需要扮演既定的角色，也不再需要迎合任何人。或许这会是我整合公众与私人两种自我的机会，让支离破碎的自我拼凑成一个整体，甚至如果我想创造一个全新的自我亦无不可。

突然间，我灵光一现，笑了起来。有史以来第一次，我的卧房将不再是一个离办公室很遥远的地方，我的卧房就是办公室。或许，在那里，我将拥有更多过去所没有的力量。

我坐在这间满是男人的咖啡馆里，咧嘴傻笑，厚厚的《柯妮，或者意大利》面朝下放在我腿上。柜台后面的香烟贩卖机看起来有些惊讶。

时间是 1816 年。战败又失势的拿破仑在偏远的圣赫勒拿岛忍受着孤寂的流亡生活。衷心爱他的约瑟芬已经死了，于 1814 年甜美地[1]死去。他后娶的来自奥地利的玛丽·路易莎也已经抛弃他，带着他们的儿子回维也纳了。

这位前独裁者一时心血来潮，拿起斯塔尔夫人的小说《柯妮，或者意大利》——一本他曾试图查禁的书。或许他认为如今这本书发出的声音会变得比较微弱，不再具有以往那种能够激怒他的力量吧。

他翻着书页，这本书发出的声音真实、纯粹，讯息清晰，是对社会、对女人、对每一个女人的呼吁，呼吁她们个个都要充分发挥自己的才能，要她们“依照自己的性格和天分走出一条康庄大道”。

这本书，仍旧令他抓狂。“我看得到她，听得到她，我感觉得到她，我想逃走，我把书往下一扔。”拿破仑怒气冲冲地嚷嚷。但是，他又翻了一页。一页再一页。那道声音摆脱不掉，一直响亮地在他周遭缭绕不去。那是一记自由、爱与艺术的警钟。他欲罢不能地读下去。

“无论如何，我要读下去，”拿破仑说。或许他没发现自己已经承认被打败了。“我想看结局，**因为这不失为一部有趣的作品**。”

[1] 约瑟芬死前，在俄国沙皇亚历山大一世的保护下过着随心所欲的奢华生活。

善终

我总觉得当我一抵达天堂，当务之急就是加入和我投合的一伙人。一个人到了陌生的地方，要小心别入错伙。

——南西·米特福德

我始终在思考死亡这回事儿。喔，不是负面的思考，完全相反。我将死亡想成人生故事的最后一幕、一个解释人生起始与过程的结尾、一个厘清一切的解答。我猜，我会从头到尾地寻思女人完整的一生，也是自然而然的结果。对我而言，真实人生就像所有精彩的侦探故事一样，一个好结局足以弥补糟糕的剧情，足以将所有松散的部分、奇怪的地方组织成一个圆满的整体。

在巴黎，殡葬业是很体面的行业，方圆五百里内至少就有三座墓园。拉雪兹神父纪念公墓是主要的观光景点，小女孩会在普鲁斯特墓前献上鲜花，年轻人会前往吉姆·莫里森[1]之墓朝圣。巴黎人也会造访这座墓园，他们喜欢“死得其所”，这才符合他们天性中理性与悲观的一面。

我一样对这个课题大感兴趣。我知道我们不可能计划自己要怎么死，不过我确实有一些清楚的好恶。比方说，我最不想死于动物口中了，尤其是鲨鱼或鳄鱼。在我看来，这种死法简直是耻辱。人类花了长得惊人的时间战胜自然，如果一路退化到沦为食物链的一环，随着浮游生物和海草一起被咯吱咯吱地嚼碎，那会让人觉得自己未免太令灵长类同胞蒙羞了。瑞秋觉得只要不是肺癌，她怎么死都无所谓。理由是如果有一天她告诉亲朋好友她得了肺癌，大家一定会在背地里认为她活该，谁叫她要抽烟。（具体地说，大家心里的台词会是：“她不得肺癌谁得肺癌？蠢贱

[1] 吉姆·莫里森（Jim Morrison，1943—1971）：The Doors（“大门”）乐团主唱、诗人、电影导演，对摇滚乐影响深远。1971 年，死于巴黎寓所的浴缸内。

货！”）这令她无法忍受。瑞秋说，她希望自己临终时大家对她好一点，而且要好得很真心。

有些人比较希望是迅雷不及掩耳的死法。目前来说，我比较希望缓慢地死去，让我有时间好好道别，听听亲友们想对我说的话，办个生前告别式，最后，发表我的遗言和对于死之将至的感想，无论是什么样的感想。

此刻我站在协和广场（Place de la Concorde），尽情地东走走西逛逛，欣赏着美丽的镀金雕像和冒着水的喷泉。一如往常，只要想到稍稍踏出人行道一步，便会深陷乱成一团的车流当中，我就怕得双腿发软。所以，且让我在广场上兜圈子，放心地发呆出神、沉思冥想。

纵使交通壅塞繁忙，这里仍然是巴黎最漂亮、最有名的景点之一。协和广场意味着和谐、和睦、和平，仪式与庆典会在此举行，但这里曾经也是巴黎的刑场，广场上沾满了鲜血。

观光客不会知道，1793 年起到 1794 年 7 月为止的恐怖统治时期[1]，至少有 1119 人在这里被处决。巴黎到处都有纪念碑，纪念各式各样的人物与事件，偏偏协和广场上没有这种东西提醒人们那些曾在这里被反绑的双手、被砍掉的脑袋、丑陋的死囚示众车、嘲弄死囚的群众，还有断头台上的血腥味、汗水与对死亡的恐惧。或许是太惨不忍睹了，所以才不立碑纪念。

[1] 恐怖统治时期（the Revolutionary Terror）：法国大革命的一个时期，政府决定严厉镇压涉嫌反对革命者。

在那些黑暗的日子里，死刑犯们流行讥笑断头台。对于死前的最后一句话，他们慎选措辞。临终时，罗兰夫人壮烈地说：“自由啊自由，多少罪行假汝之名而行！”丹东[1]采取了不同的风格，他诙谑地对行刑者反讽道：“斩我的首级去示众啊！**我这颗脑袋值得你多此一举**！”

但并非人人皆如此。

1793年10月15日，玛丽·安托瓦内特皇后被押到此处行刑。死前几天，她独自被囚禁在西堤岛上的巴黎古监狱。如果你去过那儿，就知道那里糟糕到什么程度。巴黎古监狱让人不寒而栗、汗毛直竖。纵使已经过了两百年，那些苍白的石头仍旧透着恐怖。

十一点一过，行刑者来到皇后的小牢房，将她的手反绑，一把劈断她的头发。她狼狈地爬进示众车，薄薄的白袍底下是硬邦邦的木凳。示众车颠簸地驶过圣欧诺黑路凹凸不平的石子路面，在皇家街左转，来到这座公开的广场。法国大革命时期的艺术家大卫[2]就住在圣欧诺黑路，他快速画下眼前所见的景象：一个丑陋、瑟缩、心力交瘁的女人。

玛丽·安托瓦内特皇后在示众车上挨过漫长、孤独的死前时分，死后，她幸存下来的朋友们脑海里始终摆脱不掉她最后的身

[1] 丹东（Georges Jacques Danton，1759—1794）：法国大革命时期的温和派领袖，反对恐怖压制手段。

[2] 大卫（Jacques Louis David，1748—1825）：法国十八世纪新古典主义代表画家，名作《马拉之死》。

影。当她像只待宰羔羊般被载去赴死，眼前的群众曾经是她的子民，如今面对这些人的辱骂与瞪视，她心里作何感想？

途中，皇后瞥见勾起她昔日回忆的场景——每当她私访巴黎时会入住的皇家街公寓。或许她忆起了前往化装舞会和剧院的乐趣、有朋友相伴的愉快心情、逃离宫廷束缚的刺激。

当她来到广场，或许她忆起了与王位继承者完婚、成为太子妃后在巴黎首度的公开活动。那时是 1770 年 5 月，这里还叫作路易十五广场，将近三十万人莅临迎接这对新人。但由于准备和计划得不完善，132 人在推挤之下丧命。之后第二次的到访就成功多了，群众为这对新人欢呼。巴列斯克公爵告诉这位年轻的太子妃，全巴黎都爱上了她。关于这场盛会，玛丽·安托瓦内特写信给她的母亲奥地利女皇玛莉亚·特蕾西亚，自满地说要赢得群众爱戴简直不费吹灰之力。她的母亲在回信中严词提醒女儿，不要将任何事情视为理所当然。最后的结果，证明了母亲大人的睿智。

但或许玛丽·安托瓦内特脑海里有其他更为灰暗的念头。毕竟，过去这些年来她改变了许多，从一个被宠坏、傲慢的丫头，转变成坚强而忠诚的女人。她力挺丈夫，拒绝抛下他独自离开法国。她坚定不移地给予他安慰、照顾他们的孩子，多数认识她的人都不认为她能有这样的表现。但如今她的丈夫法国国王已死——早在一月就被送上了断头台。她在一场批斗大会上备受羞辱，被控以各式各样的罪名，包括和亲生儿子乱伦。这个小男孩从她的羽翼下被带走，警卫教他如何咒骂她，还要他在中庭里高唱革命歌曲，她都听在耳里。

无论心里想着什么，玛丽·安托瓦内特始终抬头挺胸，到死前都保持着贵族风度。她走上断头台时，不小心踩到了行刑者的脚，她一丝不苟、彬彬有礼，完全展现出贵族世家的教养说道："先生，对不起，**我不是故意的。**"这句话未尝不能用来对她可笑的悲剧人生做下脚注。

当然，一位皇后之死本身就具有戏剧性，而我又有一颗太过文艺的脑袋，热衷于将不起眼的小动作想成了不起的姿态，热衷在人生的起起落落当中找寻莎士比亚式的重大意义。

这又让我想到另一种截然不同的死法。玛丽·安托瓦内特皇后被处决两个月后，路易十五的情妇杜巴利夫人循着相同的路径，从巴黎古监狱来到协和广场。她也是在这里开启了她的辉煌灿烂生涯。1763 年，路易十五的雕像揭幕那天，她只是一个混在人群中的二十岁小美女。那天恰巧是蓬巴杜夫人最后一次公开露面的日子。身兼赌场老千、演艺经纪人、毒品贩子、皮条客等身份的尚·杜巴利（Jean du Barry）发现了这位接续蓬巴杜夫人地位的金发女郎，日后，他娶了她，将她介绍给巴黎的上流人士，最后亲自带她到凡尔赛宫掳获路易十五的心。

然而，在赴死途中，杜巴利夫人闪亮、不凡的过去在她感觉起来竟然像是远古以前的事了。那是一个寒冷的十二月午后，天上下着雪，光线暗淡。多数群众已经放弃观望、回家去了，但那些残忍恶毒与爱看热闹的人留了下来，等着目睹让前任国王为之神魂颠倒的著名美女。他们看到的是一个发福、惊恐的五十一岁老妪，就连这群大胆的观众都被她狂乱的哀号与哽咽吓到了。焦躁不安的众人纷纷窃窃私语。

直到最后一刻，杜巴利夫人都不能相信这件惨事竟然发生在她身上。她热爱生命，她的人生也有着一个巴黎小女孩做梦都梦不到的多彩多姿与辉煌灿烂。她不相信结局会是这样，为什么非如此不可呢？难道她终究是个凡人？临终在即，她苦苦哀求、威胁利诱、百般辩解。“等等，我跟你说我把珠宝收在哪，还有别的没说出来。”她说。行刑前一夜，她吃了一顿大餐，仿佛人生这顿饭她还没有吃够。第二天，他们前去押解她时，她很吃惊：“这不可能吧！你们搞错了，等等，拜托。”他们将她架上示众车，她一个踉跄哭了起来。她是个热爱生命、一心只想活下去的女人，不论还能活多久。当示众车辘辘驶过石子路面，她又是哀号、又是恳求。他们把她拖上断头台，她扭来扭去地挣扎求饶。当他们把她放下来，将她的头卡在断头台上时，她说：“等等，先生，我求你……只要让我再活一分钟！”而这成了她最后的遗言。

我不会从道德的观点去评断人应该怎么活或怎么死。如果我真有任何观点，那也是美学的观点。我了解要掌控死时的处境是不可能的，但“善终”绝对能为人生赋予诗意。玛丽·安托瓦内特的死之所以动人，是因为她在人生走到终点时超越了自己；杜巴利夫人的死之所以可悲，则因为她反其道而行。

我转身沿着丽弗里街走回去，在加里涅尼书店停了下来，随意地逛到一桌特价中的法语平装本小说跟前。其中一个书名引起了我的注意——Amoureuses du Grand Siècle（《大世纪女英雌》）。嗯，有意思。我翻开目录页，有妮侬、拉斐特夫人，还有最终命运扑朔迷离的马萨林女爵荷坦丝·曼西尼。

我翻到相关的章节，然后直接跳到最后一页。书上说："他（她丈夫）把她的灵柩安置在马萨林枢机主教创立的四国学院里，亦即今日的法兰西学院，就放在她叔叔马萨林的灵柩旁。"这不是新闻了。我本来就知道，而且亲自去看过，她的遗体不在那里。

我继续读下去："人们不禁想象，当学院里的人进行辩论时，快乐的荷坦丝幽灵就飘荡在法兰西学院上方。"对，没错，我想着。人们不禁会想象荷坦丝的幽灵就在法兰西学院里，可是并没有。

接着，我的心脏扑通扑通跳："但在 1793 年，她的遗体被革命分子丢进塞纳 - 马恩省河里了。"

我吓呆了，整个人动弹不得，这则消息像是一记棒喝。原来，这才是有关荷坦丝故事的最终结局。我简直无法呼吸。

事情发生在玛丽·安托瓦内特皇后与杜巴利夫人香消玉殒的

同一年，那是恐怖统治的高峰期。就在河的另一岸，革命分子必定不知怎么地攻占了法兰西学院，从荷坦丝的安葬处掠夺了她的——她的什么呢？灵柩？遗骸？然后丢进塞纳-马恩省河里。(我不懂他们怎么没对马萨林枢机主教的尸骨下手。）接着，就像许许多多其他的废弃物般，她的遗骸随河水流过这座城市，或许还和断头台上淌下来的鲜血混在一起。过世近百年之后，荷坦丝居然也在法国历史中掺上了一笔，感觉真是诡异。

我朝四周看了看，希望身边有个人能听我说说这件事。那一瞬间，我的内心波涛汹涌，感觉自己仿佛也置身于这道洪流中，这道生与死的洪流，这道美丽的洪流、惘然的洪流、这道世间女子的洪流。

如果历史是一种情绪，或许它感觉起来正是如此。

拉雪兹神父纪念公墓和我预料的不同。我原先想象这里会是一个安宁祥和的地方，但事实上此地绝非一片沉寂，反而还惊人地充满活力。凡我所见之处，墓碑都有裂痕，瓦砾成堆，植物的绿芽从土里探出头来，好像地底有一头动作迟缓的地牛蠢蠢欲动，或者就像地底亡灵静不下来地蹭来蹭去、扭来扭去，一点一点地朝地表钻上来。几位工作人员表情无助地手持铁铲而立，仿佛他们挣扎着要将亡灵留在原地，搞得灰头土脸。

看看葬在这里的亡者名单，我能明白为什么工作人员如此狼狈。他们都是大人物，响当当的大人物。这块矮矮的方形石碑底下躺着打破禁忌的柯莱特，她的坟上摆着鲜花，这儿是歌声与人生皆令人心碎的歌手伊迪丝·琵雅芙[1]，在希腊船王奥纳西斯迎娶肯尼迪遗孀杰奎琳时悲伤过度而死的卡拉斯，伟大的女演员西蒙·西涅莱[2]和莎拉·伯恩哈特[3]，与年轻的柯莱特关系友好的十九世纪交际花克丽欧·孟若德[4]——她的爱慕者会赞赏地高唱“荣耀归于至高无上的克丽欧！”；画家罗兰桑[5]——香奈儿曾委托罗兰桑为她绘制画像，后来却又将成品退回，因为这位艺术家将她画得柔和、甜美又梦幻，实在与本人不太像；和李斯特[6]私奔的玛丽·达古[7]；被丝巾扼死的舞者邓肯……这些女人都葬在这里。即使已经入土为安，她们仍与我们同在。

拉雪兹神父纪念公墓也是这些伟大女性生命中某些重要男性的最后归处。接近肖邦的坟墓时，我看到一小群人跪了下来，画着十字，恭敬地献上花束和一面波兰国旗。他们看起来如此哀

[1] 伊迪丝·琵雅芙（Edith Piaf，1915—1963）：法国国宝级女歌手，有“小云雀”的美称。最著名的歌曲包括《玫瑰人生》（La Vie en Rose）、《爱的礼赞》（Hymne-a-l'amour）等。

[2] 西蒙·西涅莱（Simone Signoret，1921—1985）：法国演员，为奥斯卡首位法籍最佳女主角。

[3] 莎拉·伯恩哈特（Sarah Bernhardt，1844—1923）：法国舞台剧演员，在绘画与雕塑方面也很有成就。

[4] 克丽欧·孟若德（Cleo de Merode，1853—1909）：法国芭蕾舞者，享誉欧洲及美国。除了舞艺精湛之外，她的发型、服装等，都是当时巴黎仕女的流行指标。

[5] 罗兰桑（Marie Laurencin，1883—1956）：十九世纪末法国印象派画家。

[6] 李斯特（Franz Liszt，1811—1886）：十九世纪音乐家，著名作品包括《匈牙利狂想曲》（Hungarian Rhapsody）等。

[7] 玛丽·达古（Marie d'Agoult）：法国作家、沙龙女主人，1835 年与李斯特私奔至瑞士定居，两人虽育有三子，最后仍于 1844 年分手。

伤，你会以为肖邦是昨天才去世的。

我找到了斯塔尔夫人的情人康斯坦特之墓，墓碑上刻着“In Arduis Constans”的字样，意思是“不幸的康斯坦特”。墓碑上的铭文无疑是要总结人的一生，但我敢打赌，每个知道他的人都会认为，这样的描述很适合用来为康斯坦特与斯塔尔夫人的恋情下注脚。

我很高兴康斯坦特的墓碑上有一行碑文。这里多数墓碑都很无趣，只写了生卒年份。如果在我自己的墓碑上能有什么机智的话语，让看到的人笑一笑或想一想，我会觉得蛮有意思的。在我最私密的想象里，我脑海中的碑文是：这里葬着露辛达·霍德夫斯——外交官员、作家、辣妹。我不知道怎么让“辣妹”这一项说得过去就是了。

拉雪兹神父纪念公墓虽然缺乏精彩的碑文，却不缺幽默的视觉艺术作品。比方说1898年在与情妇做爱当中猝死的福尔总统，他的坟上是其真人大小的卧姿雕像，这尊躺在那儿的雕像表情满足极了，可说是刚做完爱的表情。苏彻将军是拿破仑麾下最英勇的元帅之一，他的坟上是一名大胸脯的天使，这名天使还抚摸着一具直立的大炮。

一位穿着体面的男士沿着一条小径斯文地走着。看他的模样，我知道跟着他准没错。果然，我来到了王尔德污损的坟墓，那个文质彬彬、聪明绝顶、惨遭迫害的奥斯卡·王尔德。王尔德热爱巴黎，这座城市向他揭露了与“美”对立的另一面，让他认识到追求乐趣与品位所要付出的代价，让他经历了当欢愉伴随着威胁而来的危险时刻。巴黎的唯美主义者给了王尔德灵感写下《美少年格雷的画像》，这也是我最爱的书之一。1900 年代晚期的巴黎一点儿也不像胜利、残忍的帝国之都伦敦。1870 年败在德国人手上之后，巴黎成为一座脆弱的城市，满腹与失败相关的词汇。这座城市毫不害臊地弥漫着哀伤忧愁、无聊倦怠、悔恨懊恼，乃至于厌恶反感等娇贵的苦痛情绪。难怪王尔德躲到这儿了此残生。

瑞秋对于巴黎的堕落抱持着很有趣的观点。她认为巴黎将它的黑暗面、它在二十世纪的失败、被纳粹占领乃至于与纳粹勾结的污点藏起来了。她认为，台面上辉煌的、粉饰太平的巴黎模糊了它黑暗的真相。在她情绪更低潮的时候，瑞秋说巴黎是“博物馆主题乐园”，或者更刻薄的，“正牌的欧洲迪斯尼”。说着这些时，瑞秋的嘴角轻蔑地往下撇。

许多人都认为沉溺于“死亡”或“过去”是不健康的。他们主张活在当下、坚定地展望未来，而我也尝到了抓着过去不放的教训。

1996 年大选后，男友离开了我。我不相信这个事实，我百分之百确定他只是一时冲昏头，最终会恢复正常。我认为，当他一旦恢复正常，他会赶忙回到我身边，我们会结婚，从此过着幸福快乐的日子。当他被外派到雅加达时，这无比强烈的信念也只稍微动摇了一下。四个月后，我仍旧打电话给他、写 E-mail 给他，焦急但坚定不移、忠心耿耿地等待着他归来的一刻。

某天，一位我们共同认识的朋友来看我，提起了我的男友。“嗯，当然，他在那里一定很寂寞，”我说，“你知道派驻在外的日子很难挨的。”

“我听说的不是这样耶，”他抬起眼看着我说，“当然，他们现在还挺低调的。”

我冲去找乔安。在她家的蓝色沙发上，我的情绪崩溃了，大滴大滴晶亮的泪珠夺眶而出。我无法相信。这人是我的真命天子啊！乔安抱着我安慰我，但她的丈夫采取了不同的方式。“那么，恕我直言，”詹姆斯向前靠过来，推了推鼻梁上的眼镜，“你说你和这家伙命中注定在一起，但是你又说他不只离开了你，还离开了这个国家。他另外有了工作，现在，你告诉我他还另外有了女朋友。”詹姆斯直勾勾地看着我，脸上一副不可思议的表情，仿佛无法相信这么明显的事实居然需要他说出来：“醒醒吧，过去了！”

当我停止哭泣，我马上觉得好多了，也几乎是立刻开始复原了。

若说个人的过去是无益的，对我而言，人类的历史则具有十足的意义。我想，对我而言，历史甚至取代了文学，让我学到什么叫作身为一个“人”。我们今天在一个界限不明的世界里，享受着无尽的自由，过着混沌的日子。“历史”以及它的好姐妹“传统”将人类经验的典范提供给我们，这是我们可赖以自我评量或起而予以反抗的标准。

而且，唯有认识历史，你才能体会我们是如何受到文化的制约。我们以为“很自然”的事物，往往不过是不自觉地随波逐流。举例而言，从历史的角度来看，我处于晚期浪漫派的时代，这是我的历史宿命，但并不表示我必须囿于这个时代的限制。

我曾经犯了一个错误，就是告诉男友我要的是一个了不起的伟大人生，而不是一个渺小、贫乏的人生。那时，连我都不知道自己想表达什么。如果我懂得怎么表达，我会说我所指的伟大不是过得很风光，也不是足迹行遍天下，更不是做出什么冒险犯难的事情。事实上，和这些外在事物完全无关，那是一种对人生格局的渴望，一种内在的宽阔，一种容纳各种体验与回应的气度。

我男友的反应就是不以为然，他认为我太自命不凡了。他来自一个刚正不阿的新教徒家庭，重视经济上的保障、谦冲自牧的态度和稳固的成就。在他眼里，我是一个浮夸的爱尔兰天主教徒，好高骛远，怀抱不切实际的浪漫幻想。或许他是对的。

今天，在拉雪兹神父纪念公墓的小径间与角落里漫步、做白日梦、尽情地迷失自己，我感觉和巴黎女性有着深刻的联结，也很感激这座孕育了她们也同时欢迎着我的城市。

在我的感觉里，这个巴黎，我爱的巴黎，犹如手工塑制而成，种种人事物穿越时空细腻地交织在一起，就像一件动人的集体艺术创作，由十七世纪的沙龙女主人开始，十八世纪的承继者丰富了它的内容，十九、二十世纪的后辈又加以修饰。每一个世代的女人都为这笔遗产增添价值，然后再传承下去，就像一块美丽的挂毯，几百年来经过一双又一双纤纤玉手的织就。

我站在这儿，沉浸在他人的往事里，感觉这些往事似乎也是属于我的回忆。

我这趟悠长的拉雪兹神父纪念公墓散步之旅，最后一站来到整座山丘的顶端。这里是格特鲁德·斯坦的陵墓，规模宏大、样貌朴素、气势磅礴，就像她本人。金色的字体写着“格特鲁德·斯坦”几个大字，后来，我绕到背面，那里则以小了许多的字体刻着另一个名字“爱丽丝· B. 托克勒斯”[1]。

我听过这座陵墓，看到托克勒斯被贬为附属品，我的感觉无疑就像多数人一样不太好。事实上，这样的做法正是她本人的意思。这显示出她高而不傲的情操，就仿佛托克勒斯在对我们说：每一个伟大女性的背后，都有另一个伟大的女性。

[1] 爱丽丝· B. 托克勒斯（Alice B. Toklas，1877—1967）：格特鲁德·斯坦一生的伴侣，另参见“沙龙”一章的注释。

再会

我们的思想、脾气、热情、品位和感受，似乎都受到我们所居之地的影响。

——拉布吕耶尔

瑞秋和我喝着香槟。我爱香槟，真的很爱。瓶塞“啵”地弹开的声音，沿着纤长的酒瓶颈咕噜噜上升的白色气泡，玻璃杯相碰时清脆悦耳的“叮”的一声，这些都让我心生喜悦。第一波酒精渗入血液中，整个人立时陶陶然起来。我从不厌倦这小小的仪式。我也爱关于香槟的传说故事，当中有许多都与女人有关。

最著名的香槟夫人是莉莉·柏林格[1]，她说：“快乐时，我喝香槟；难过时，我喝香槟；独处时，我喝香槟；有伴时，我喝香槟；肚子不饿时，我摸它一摸；肚子饿时，我喝它一喝。在上述情况之外，我不碰香槟，除非我口渴。”

我知道这句名言已经好多年了，而且暗自赋予说出这句话的人独树一帜的形象。在我的想象里，柏林格夫人就像《亚当斯一家》里那个妈妈的法国翻版——修长纤细、柳腰款摆，手里或许把玩着一支长长的烟管。之后，我看到了她本人的照片。那是一个壮硕结实的劳动妇女，脚踝很粗，头发浓密，正骑着单车穿越她的葡萄园。

稍稍自我调适一下之后，我开始喜欢上她真实的样貌，一位在下午茶时分开开心心地“啵”一声打开香槟的老太太，更甚于我想象中的形象。除了莉莉·柏林格，还有其他香槟夫人，巧合的是，她们都是寡妇，却很难相信她们过得不快乐，其中包括了

[1] 莉莉·柏林格（Lily Bollinger）：法国历史悠久的酒场，莉莉·柏林格于 1941 年接掌创建于 1829 年的柏林格香槟，并将品牌名气推广到全世界。

赫赫有名的凯歌夫人[1]、波罗杰夫人[2]、波丽露夫人[3]、皮耶爵夫人[4]和勒德雷尔夫人[5]。

将香槟介绍给英国人的功劳，要归于荷坦丝·曼西尼在伦敦最要好的朋友圣·艾沃蒙侯爵，他的媒介正是荷坦丝·曼西尼的沙龙。蓬巴杜夫人不太喝酒，但香槟例外，她认为：只有香槟这种酒让女人在喝了之后还能保持美丽。

过去几天我们都在吃喝玩乐。瑞秋禁止我去古老的博物馆和历史遗迹。我们转而在波布咖啡馆里装模作样、在中国俱乐部[6]搔首弄姿。瑞秋在馥兰丝鞋店买了厚跟鞋、在乔瑟夫服饰店买了时髦的针织衫，我在卡尔拉格斐店里买了一副太阳眼镜、在一家百年手套老店买了一双红色手套。我们在玛黑区每个令人目眩神迷的角落与缝隙间探险，在 Mariage Frères 茶馆度过长长的下午茶时间。

现在是我在巴黎的最后一晚了，瑞秋和我正坐在艾尔卡札餐厅（Alcazar）的吧台喝着酒，谈着未来。她觉得实在是受够了，

[1] 凯歌夫人（the veuve Clicquot，1777—1866）：二十七岁的凯歌夫人继承丈夫遗志，发明了在香槟史上具有革命性的酿造法，以她为名的“凯歌香槟”乃成为顶尖名酒。

[2] 波罗杰夫人（Odette Pol Roger）：波罗杰酿酒世家第四代掌门的夫人。

[3] 波丽露夫人（Jeanne Alexandrine Louis Pommery）：Pommery 酒厂原名 Greno 酒厂，丈夫死后，波丽露夫人将酒厂改名并发扬光大。

[4] 皮耶爵夫人（Marie-Louise Lanson de Nonancourt）：于 1938 年买下当时并不起眼的皮耶爵酒厂，将之经营成家族事业。

[5] 勒德雷尔夫人（Camille Olry-Roederer）：1932 年起接掌丈夫的香槟事业。勒德雷尔酒厂所生产的路易王妃香槟是皇室御用香槟，也是目前世界上最贵的香槟。

[6] 中国俱乐部（China Club）：位于巴黎的上海风格餐馆，大红色的窗帘与黑色皮沙发营造出奢华的氛围。

也已经找到新工作，即将搬去伦敦。“听着，这里有很多地方都让我受不了，”她说，“但最重要的是，我要住在说英语的国家！”

事实上，我明白她的感受。我自己也有语言上的困扰。数年来，我都用男性的笔调和语言写东西，比方代替副总理写演讲稿、为管理顾问写报告。要在办公室里混口饭吃，我恐怕得一直以男性的声音发言。然而，我想要找到一种方式，**用我的声音来表达自己**。我想知道一个现代女性的声音是什么模样、我这个女人的声音是什么模样。

第二早晨，在有点宿醉的状态下，瑞秋和我戴好太阳眼镜，出发展开我们在巴黎朝阳下最后一场长长的散步。我们沿着圣殿老街前行，穿过路易·菲利普桥、巴黎圣母院后方的圣路易桥，然后是通往左岸的枢机主教桥。这是瑞秋在巴黎最爱的散步路线，我看得出来为什么，每一步都很美。过桥时，塞纳 - 马恩省河在我们两侧、脚下以及四周流动着。

似乎不可避免地，我们最后来到莎士比亚书店。多话的年轻美国人占据了这儿的凳子、箱子和椅子，灰尘在成千上万本没卖出去的书上扬起又飘落。我初次造访巴黎时，某任澳大利亚前男友正是在这儿凭着声音认出了我。

我径直走到摆满了古旧巴黎导览手册的书柜前，其中一本是红色硬皮精装本，上面印了烫金字体。书名很简单，就叫作《巴黎》。作者是安德鲁·乔治（Andre George），1952 年出版。我边翻边赞叹着书里包罗万象的黑白照片，有雄伟的建筑、城市街景、戴了手套的女子、车头圆滚滚的雪铁龙房车，然后我翻到了这个：法国史上伟大的一刻，胜利街为了庆祝拿破仑在意大利战胜而命名。他曾住在这条街的六十号，亦即独身的年轻寡妇约瑟芬的宅邸……呜喔！我把伊凡乔林·布鲁斯的话奉为圣经，跑去胜利街六号找约瑟芬住过的房子，也就是在那个糟糕的下雨天，我把瑞秋带去害她无聊得冒烟的地方。看来我们从头到尾都跑错边了。瑞秋走了过来，我啪一声把书合上。“有什么有趣的吗？”她问。我若无其事地摇摇头，默默地买下那本书，慎重地塞到包包里。

最后，我们走回塞纳 - 马恩省河。天上飘来了云朵，天空和河面都泛着青绿色，树木在风的吹拂之下摇摆着。我沿着桥、建筑物和纪念碑，看着眼前雄伟的景象。

当然，巴黎也有我不喜欢的地方。我对蓬巴杜中心兴趣缺缺。尽管瑞秋说新的巴士底歌剧院很棒，我也无意造访。还有，我始终拒绝爬上埃菲尔铁塔。

但在今天，我以全新的眼光观看这座铁塔。传闻说古斯塔夫·埃菲尔发明了吊袜带。我曾经认为埃菲尔铁塔是一个丑陋的阳具象征物，和这座窈窕的、女人味的、优美的城市很不搭调。不过，现在，我看到了不同的意象——一只修长的美腿，包在网袜里。

我记得爱伦曾经对我说，不论来多少次、待多久时间，她看见的巴黎总是玫瑰色的，她总是沉浸在那份特别的“巴黎感”当中。“你知道，在澳大利亚，我一点儿也不特别，但在巴黎，人们觉得我很美。”她说。

澳大利亚本来可以很法国，差那么一点点而已。早期，法国探险家布甘威尔[1]、拉佩鲁兹[2]、甘特卡斯托[3]和尼古拉斯·博丹[4]都曾对澳大利亚的地理学和植物学进行过重要的研究。1788年时，来自法国的拉佩鲁兹和初来乍到的英国总督菲利浦在植物学湾[5]撞见了彼此，“澳大利亚”这个词条首度出现于出版物上，是在法国科学家拉比拉德瑞[6]于1804年发表的著作中。弗兰德斯[7]负有盛名的澳大利亚地图，部分是仰赖早期被英国没收的法国制地图绘成的。英国人在法国人之前发现这块南半球大陆的用途——如果可以这么说的话，纯属意外。

[1] 布甘威尔（Louis Antoine de Bougainville，1729—1811）：法国航海探险家与海军司令官。
[2] 拉佩鲁兹（Jean-François de Galaup La Pérouse，1741—1788?）：法国海军军官暨探险家，1788年时由他带领的探险队于大洋洲失踪。
[3] 甘特卡斯托（d'Entrecasteaux，1739—1793）：法国航海家，于1792年发现澳大利亚海岸。
[4] 尼古拉斯·博丹（Nicolas Baudin，1754—1803）：法国探险家，1800年曾受命绘制澳大利亚海岸线。
[5] 植物学湾（Botany Bay）：澳大利亚新南威尔士州小海湾。
[6] 拉比拉德瑞（Jacques Labillardière，1755—1834）：十八世纪法国植物学家，以为澳大利亚植物命名与描写而闻名于世。
[7] 弗兰德斯（Matthew Flinders，1774—1814）：英国探险家，澳大利亚的弗林德斯山脉以他的姓氏命名。

或许，最惊人的消息是拿破仑年轻时曾报名参加拉佩鲁兹那次不幸的远航，只不过没有入选。很难相信这位欧洲未来的征服者可能曾有机会在澳大利亚定居，更难想象他有可能随着船队在南太平洋丧命，使得整个欧洲的历史随之改写。

结果，澳大利亚成为大英帝国的殖民地。我们无从得知若非如此又将如何。

年轻的出租车司机把头向后靠，仿佛瞄准了我的思绪，用不标准的英语问我要搭飞机去哪里。我说澳大利亚。

“澳大利亚喔？”他兴奋地说，“我粉喜欢这个国家耶！”

我不禁笑了：“真的？你喜欢它什么？”

“大啊！油大，油自由。你知道吗？”

“知道，知道。你去过吗？”

“当然去过！我现在在存钱，想再去一次。我去过黄金海岸，我跟自己说：要是这些人都讲法语，这里就是天堂啦！”

我告诉他我来自悉尼。

“哦，靴梨喔！”他懊恼地摇着头，后脑勺的马尾巴晃啊晃，“我们的祖先不够聪明啦！没有把靴梨弄到，弄到一个什么新克里多尼亚。”

想到自己国家在过去的失算，他突然间哈哈大笑起来，笑得一抖一抖的。

很多人讨厌搭飞机。令人讨厌的不只是那种恐惧，还有迫使乘客回归到婴儿时期的飞航例行公事——永无止境的说明与指示、婴儿食品般的餐点、不得不睡觉的状态。但是，我不介意。我喜欢窝在飞机里，感觉时间、重量都不存在。空服员可以尽情地对我颐指气使，我只管在座位里坐定，瞬间切换到我内在的世界里。在机舱闹哄哄的机器运转声中，我能轻易听到自己的思绪。

“巴黎是一场流动的飨宴”，人们很爱引用这句海明威的名言，仿佛单单对巴黎的回忆就已足够令人心满意足。如果巴黎是一场飨宴，那么我还没吃饱喝足，我还没尝够巴黎的滋味。事实上，我恐怕永远无法餍足，这就是为什么我还会不停地回来。

再说，我确定不论在人生的哪一个阶段，这座城市将永远欢迎我。举例来说，我无法想象自己七老八十还跑去墨西哥或者中国，但能想象自己在巴黎的茶馆里，就像在家一样自在。毕竟，巴黎被一个个聪慧的女人为了欢愉的缘故精雕细琢过。法文里甚至有一些美妙的字眼，专门用来比喻女人的转变。我们可以说，初抵巴黎时，她还是个细皮嫩肉的“黄毛丫头”（ingénue），经过一些历练，她成为“世间一女子”（femme du monde），尝试摸索自己的个人风格，当一个具有致命吸引力的“蛇蝎美人”（femme fatale），最后成为仪态万千的“名媛贵妇”（grande dame）。

来巴黎前，我很清楚自己的人生一团糟，错误百出，问题丛生。我的过去黯淡无光，未来也还没有个模样。

但过去这三个星期里，我享受了过着不同人生的特权。我踏上巴黎杰出女性行过之处，沉浸在她们的城市里，跨越这座她们曾经发光发热的舞台。最棒的是，透过她们的眼光看世界，女人的一生在我眼里有了崭新的风貌。从今而后，我的眼界开阔了。仿佛我一直被困在一个小房间里，一下子赫然发现房门始终不曾锁上。我大胆地闯出去，除了空气清新，更突然有了活动的空间、照亮前方的光芒。

卢森堡公园中央有一座八角形的池子，阳光照耀下，小朋友会在那里玩模型船。池子周围排列着逾五十座的白色雕像，雕的是法国各区的皇后。这些女士端坐在高大的白色基座上，眼睛看也不看下面五彩缤纷的风光，显得很冷淡、很疏远。

现在，我也拥有一整列的伟大女性。然而，她们不是高高在上的傲慢人物，而是步下了历史的高台，走进了我的心中。她们是我个人的智囊团，成员有天后级女伶、艺术家、贵族和女英雄。她们会永远在我身边，教导我、取笑我、刺激我、鼓励我，给我灵感、予我安慰，并且提醒我没有什么是女人不能做的，包括创造出成为人间礼赞的文化。

至于我乱糟糟的人生呢？我因着对“生活的艺术”深深着迷而来到巴黎，却带着“生活即是艺术”的观念离开这里。当一个女人想要建构自己的人生时，她需要创新的精神与切实的实践。但我们永远无法完全掌握人生，所以，创造人生也需要一种放手的态度，一种对时间的洪流与戏剧性的变故逆来顺受的优雅态度。这意味着要有开放的心胸与充分的心理准备，迎接即将展开的崭新阶段。

南西·米特福德有句话对我别具意义。这句话出现在她为伏尔泰写的传记《恋爱中的伏尔泰》里，描述的对象是另一位了不起的法国女性——科学家兼知识分子夏特莱侯爵夫人。她曾是伏尔泰的情人，也是他多年的良伴。这句话同样可以用来描述南西·米特福德自己，又或者我本人："不自觉地，她在等待，等待那一场往往是当一个女人不再年轻时会发生、并且将指引她往后人生的革命。"

我不曾料到一场革命可以如此宁静。

我的心灵提升了，充实了。在这个美好、闪耀、混沌的人生时刻，我停在半空中，过去和未来在眼前无限延展。而我，已准备好要拥抱一切。

谢辞

深深感谢伐楼拿作家之屋（Varuna The Writers' House）全体团队，他们的写作论坛和后续指教让我获益良多。特别感谢我的指导老师 Margaret Simons。感谢在伦敦的 Rachel Thompson（即本书中的瑞秋）和在日内瓦的 Ellen Hansen（即本书中的爱伦）。巴黎方面，则要感谢法兰西学院和黎希留图书馆的院方与馆方人员、丽兹酒店的 Madame Axelle Marois、奥玛家餐厅的所有人 Chez Omar（即本书中的奥玛）、凡尔赛协会的 Dominique Verdy 教授（即本书中的芙尔迪教授），还有 Titi 和 Felix Boukobza。感谢在悉尼的 Sally Hone、Natalie Hoy、Rebecca Weisser、Holdforth 家的 Clare、Michael 和 Justin。感谢我的经纪人 Fran Bryson。感谢 Random House 的 Jeanne Ryckmans 和 Nadine Davidoff。最后，Syd Hickman，谢谢你。

桂图登字：20-2011-156
图书在版编目(CIP)数据

点亮巴黎的女人们 /（澳）露辛达·霍德夫斯著；祁怡玮译. —桂林：漓江出版社，2018.6
（阅美悦读）
书名原文: TRUE PLEASURES: A Memoir of Women in Paris
ISBN 978-7-5407-8375-4
I. ①点… II. ①露… ②祁… III. ①女性—文化—巴黎 IV. ①D445.658.68
中国版本图书馆CIP数据核字（2018）第002395号

TRUE PLEASURES: A Memoir of Women in Paris
Copyright © Lucinda Holdforth 2004
Simplified Chinese translation copyright © 2018 by Lijiang Publishing House
First Published in 2004
First Published in Australia in the English lauguage by Penguin Random Books Australia Pty Ltd.
All rights reserved.

封底凡无企鹅防伪标识者均属未经授权之非法版本。

点亮巴黎的女人们

作　　者：[澳]露辛达·霍德夫斯
译　　者：祁怡玮
编辑统筹：符红霞
责任编辑：王成成
版权联络：孙静静
责任监印：周　萍

出 版 人：刘迪才
出版发行：漓江出版社
社　　址：广西桂林市南环路22号
邮　　编：541002
发行电话：0773-2583322　010-85893190
传　　真：0773-2582200　010-85893190-814
电子邮箱：ljcbs@163.com 网址：http://www.Lijiangbook.com
印　　制：三河西华印务有限公司
开　　本：880×1230　1/32　印　张：8.5　字　数：120千字
版　　次：2018年7月第1版　印　次：2018年7月第1次印刷
书　　号：ISBN 978-7-5407-8375-4
定　　价：48.00元

漓江版图书：版权所有　侵权必究
漓江版图书：如有印刷质量问题，可随时与工厂调换

新书推荐

《女人 30⁺——30⁺ 女人的心灵能量》

金韵蓉 / 著

畅销 20 万册的女性心灵经典

献给 20 岁：对年龄的恐惧会变成憧憬

献给 30 岁：于迷茫中找到美丽的方向

《女人 40⁺——40⁺ 女人的心灵能量》

金韵蓉 / 著

畅销 10 万册的女性心灵经典

不吓唬自己，不如临大敌，

不对号入座，不坐以待毙。

即将上市

《优雅是一种选择》

徐俐 / 著

《中国新闻》资深主播的人生随笔

一种可触的美好，一种诗意的栖息。

《时尚简史》

[法]多米尼克·古维烈 / 著　治棋 / 译

法国流行趋势研究专家精彩“爆料”

一本有趣的时尚传记，一本关于审美

潮流与女性独立的回顾与思考之书。

《像爱奢侈品一样爱自己》

徐巍 / 著

时尚女魔头写给女孩的心灵硫酸

与冯唐、蔡康永、张德芬、廖一梅、

张艾嘉等深度对话，分享爱情观、人生观！

新书推荐

《选对色彩穿对衣》

王静 / 著

为中国女性量身打造的
色彩搭配系统。

《识对体形穿对衣》

王静 / 著

体形不是问题，会穿才是王道。
形象顾问人手一册的置装宝典。

即将上市

《中国淑女（新版）》

靳羽西 / 著

现代女性的枕边书。
优雅一生的淑女养成法则，
活出漂亮的自己。

《中国绅士（新版）》

靳羽西 / 著

男士必藏的绅士风度指导书。
时尚领袖的绅士修炼法则，
让你轻松去赢。